KB203514

남몰래 거리 두는
관계의 기술

남몰래 거리 두는

관계의 기술

참견금지

참견금지

정신과 의사 Tomy 지음

송혜영 옮김

가까이하기엔
너무 피곤한 인간관계 처방전

필름

들어가며
인간관계는 '적당히'면 충분

인간관계 문제로 고민하고 있나요? 그렇다면 이 책을 펼친 건 탁월한 선택입니다.

- ✓ 늘 까칠한 사람에게 말을 걸어야 할 때: '도저히 말을 걸 분위기가 아닌데……'
- ✓ 내가 보낸 메시지에 답장이 오지 않을 때: '혹시 말실수라도 했나……'
- ✓ 끝날 듯 끝나지 않는 남의 자랑을 들을 때: '나 자신이 보잘것없이 느껴져……'

사람들과 관계를 맺다 보면 여러 가지 '피곤한 상황' 이 생깁니다. 그런 상황과 맞닥뜨릴 때마다 우리는 '좀 더 잘할 수 없을까' 생각하기 마련입니다. 그런 여러분에게 소리 높여 말하고 싶어요. **인간관계는 '적당히'면 충분하다고요. 아니, 차라리 아무것도 생각하지 마세요!**

이렇게 말하면 깜짝 놀랄지도 모릅니다. '그럼 지금까지 내가 고민해 온 건 뭐지?' 믿기 어렵겠지만, 인간관계는 적당히 흐름에 몸을 맡기면 된다는 말이 사실이에요. 이 책을 읽으면 그 이유를 알게 될 거예요.

제 소개가 늦었네요. 저는 정신과 의사 Tomy입니다. 20년 넘게 정신건강의학과 전문의로 일하면서 병원을 찾는 이들에게 전문 지식과 경험에서 우러나오는 '마음이 편해지는 말'을 전하고 있습니다. 진찰이 끝나고 사람들의 얼굴에서 힘이 스르르 빠지면서 미소가 떠오르는 순간이 좋아서 이 일을 계속하고 있어요.

하지만 진찰만으로는 많은 사람에게 제 말을 전할 수 없다는 사실이 고민이었습니다. 그래서 저는 힘들고 우울한 사람들을 위해 서글서글한 말투로 가볍고 알기 쉽게 마음의 짐을 덜어주는 말을 SNS에 올리기로 했습니다. SNS에 올린 글이 주목을 받으면서 책도 여러 권 낼 수 있었어요. **《남몰래 거리 두는 관계의 기술》에서 해결하려는 문제는 바로 '피곤한 인간관계'입니다.**

사실 저는 사람들과 잘 어울리는 편이 아니랍니다. 정

신건강의학과 의사인 데다가 이런 책을 쓸 정도이니, 사람들과 금방 친해지고 인간관계에서 스트레스를 받지 않을 거라는 오해를 사지만, 꼭 그렇지도 않아요.

인간관계는 정신건강의학과 의사로서 가장 많이 요청받는 상담 주제입니다. 직장 상사, 동료, 후배, 부부, 부모, 자식, 연인, 이웃사촌, 친척, SNS…… 인간관계로 인한 고민은 끝이 없습니다. 내 의도와 관계없이 여기저기서 얽히고설키는 인간관계.

게다가 인간관계 문제는 지금 당장은 사이가 좋더라도 시간이 지나면서 나빠질 수 있다는 점에서 성가십니다. 반대 상황도 있지만요. 게다가 인간은 수많은 감정을 지닌 복잡한 존재이고, 때로는 자신의 본심을 감추기도 합니다. **즉 인간 자체가 피곤한 존재니까 그런 인간들이 만들어내는 관계로 고민하는 것은 당연한 일**이랍니다.

하지만 저는 **마음먹기에 따라 삶이 달라진다**고 생각해요. 삶을 결정하는 것은 물리적인 환경이 아닙니다(같은 환경에 놓인다고 해서 같은 삶을 살지는 않잖아요). 삶을 받아들이는 것은 우리의 '뇌'입니다. 결국 **좋고 나쁨은 주관으로 정해집니다.** 사소한 일은 신경 쓰지 않고 낙관적으로 생각하면 즐거운 인생, 고민과 불안을 놓지 못하고 끙끙 앓기만 하면 괴로운 인생이 되는 거예요. 인간관계도 삶의 일부니까 사고방식과 행동에 따라 좋고 나쁨이 크게 달라진답니다.

한편으로는 이런 생각도 들었어요. 인간관계, 성가신 문제입니다. 그런 성가신 문제를 내 손에 쥐고 통제하려고 하니까 더 힘들어지는 건 아닐까요. 반대로 너무 깊이 생각하지 않고 적당히, 흘러가는 대로 내버려두면 행복해질 수 있을지도 모릅니다. 사람과 사람이 만나고, 그 사이에서 저절로 생기는 게 인간관계잖아요. 그런 인간관계를 통제하려고 하는 건 오히려 부자연스러운 일 아닐까요.

맞아요. 인간관계는 적당히 유지하면 돼요. 아니, 적당히 유지해야 해요. 여기서 말하는 '적당히'는 '신경 쓰지 않는 것'을 가리킵니다. '무책임한 것'과는 다르니까 착각하지 않도록 주의합시다. **신경 쓰니까 고민합니다. 그럼 신경 쓰지 않으면 고민하지 않아도 되는 거잖아요?** 그렇다면 어떻게 해야 인간관계에 관해 신경 쓰지 않을 수 있을까요? 그게 문제입니다.

답은 '아무것도 하지 않기'입니다. **무슨 일이든 해야 한다고 생각하니까 고민이 됩니다. 반면 아무것도 하지 않겠다고 마음먹으면 고민이 싹 없어집니다.**

인간관계 문제는 대책을 세우면 세울수록 역효과가 생길 때가 많습니다. 내가 보낸 메시지에 답장이 오지 않는다고 해서 득달같이 전화해 "무슨 일 있어?" 하고 추궁하는 것처럼 말이에요. 상대방에게도 사정이 있을 텐데 그런 식으로 캐물으면 나라는 존재 자체가 귀찮아질지도 모릅니다. 그렇다면 차라리 적당히, 아무것도 하지 않는 쪽이 낫지 않을까요?

그리고 막상 '아무것도 하지 않기'를 실천해 보면 의외로 어떻게든 굴러간답니다. 인간관계는 이어지는 것이지, 억지로 이어가는 것이 아니에요. 서로 연이 있고, 서로 싫어하지만 않으면 어찌어찌 이어지는 거예요. 그렇지 못했다면 관계가 이어질 상대가 아니었던 것뿐이고요. 이러한 자세를 유지하면 인간관계로 인한 고민이 얼마나 보잘것없는지 알게 될 거예요.

내가 보낸 메시지에 답장이 오지 않아도 상관없습니다. 사람이니까 깜빡할 수 있잖아요. 타이밍이 안 맞아서 답장을 미루고 있는 걸지도 모르고요. 어느 쪽이든 간에 원인을 캐내서 대책을 세울 만한 일은 아닙니다. 인간관계를 '적당히' 생각하면 넓은 시야로 상황을 볼 수 있습니다.

주변 사람 중에서 붙임성이 좋고 발이 넓은 사람을 떠올려 봅시다. 그런 사람은 아마 세세한 일은 생각하지 않을 거예요. 연락하고 싶으니까 연락하고, 놀고 싶으니까 같이 놀자고 말합니다. 그러고 나서 '답장이 안 오면 어쩌지?', '날 미워하면 어쩌지?' 하고 (아마) 걱정하지도 않을 거예요. 걱정하지 않으니까 사람들과 어울리는 데 겁먹지 않을 수 있답니다.

그러니까 아무것도 생각하지 말고 '적당히'. 이것이 인간관계로 인한 고민에 대한 답이에요. 물론 구체적으로 어떻게 '적당히' 유지할지 아직은 아리송할 것입니다. 괜찮습니다. 방법은 이 책 안에 있거든요.

이 책을 부적처럼 간직하고 있다가 사람 간의 문제로 힘들 때마다 참고해서 인간관계로 인한 고민을 휙 날려 버리기를 바랄게요.

정신과 의사 Tomy

제1장

모든 사람과 두루두루 잘 지내야 할까?

인간관계로 인한 고민은 마음먹기 나름

인간관계를 항상 원만하게 유지하려고 애쓰고 있지는 않나요? 아무에게도 상처 주지 않고 아무에게도 신세 지지 않고, 그럭저럭 괜찮은 사람처럼 보일 수 있도록 무난하게 처신해야 한다고 생각하지는 않나요?

사실 **인간관계에서 나오는 고민 대부분은 관계를 원만하게 유지해야 한다는 생각에서 시작합니다.** '모든 사람과 두루두루 잘 지내지 못하면 나만 소외되어서 살기 힘들어질 거야' 하는 걱정에 사로잡히는 거예요.

하지만 알고 보면 인간관계는 저절로 생기는 것이랍니다. '나'라는 개성과 '상대'라는 개성이 존재하고, 이들이 조화와 상성을 이루면서 자연스럽게 성립하는 것이 바로 인간관계입니다. 다시 말해 **인간관계는 '만드는 것'이 아니라 그냥 '그곳에 존재하는 것'이란 뜻이에요.**

인간관계를 억지로 통제하려고 해도 내 뜻대로 흘러가지 않는 이유가 바로 여기에 있습니다. 혹시 술을 좋아하지 않는데 나만 따돌림당할까 봐 마지못해 술자리에 얼굴을 비치고 있지는 않나요? 감정을 잘 조절해서 당장은 어찌어찌 넘어간다고 해도 애써 하는 일은 오래가지 못하는 법. 게다가 내가 애를 쓸 수 없는 시점이 오면 그 관계는 탁 끊어지고 맙니다.

그러니까 좋아서 만나는 사적인 인간관계에서는 너무 애쓸 필요가 없습니다. 의무가 아니잖아요? 놀고 싶으면 같이 놀자고 연락하고, 놀기 싫으면 누가 권해도 거절하면 돼요. 남들에게서 오해를 받더라도 그 오해를 풀겠답시고 전전긍긍할 필요가 없습니다(툭하면 오해하는 사람과는 어차피 오래가기 힘들거든요).

일로 만난 사이는 일을 연결고리 삼아 이어져 있으면 됩니다. 각자 맡은 일을 성실하게 잘 해내면 그만이니, 필요 이상으로 친해지려고 애쓰지 않아도 돼요. 정리하자면 **일이든 사생활이든 인간관계는 억지로 애써서 되는 것이 아닙니다.**

사실 저 역시 젊을 때만 해도 모든 사람에게 잘 보이

려고 노력했답니다. 학창 시절에는 선생님이 신임하고 친구들이 의지하고 학부모회에서 신뢰하는 사람이 될 수 있도록 행동했어요. 반장, 부반장을 뽑을 때마다 손을 들고, 학교 축제에서 늘 리더를 맡을 정도였습니다.

그러던 어느 날 문득 알아차렸어요. 인간관계를 통제하려고 하면 할수록 '나 자신'이 눈에 들어오지 않는다는 사실을. '나는 뭘 위해 모든 사람에게 사랑받으려고 노력한 걸까?' 알 수 없어집니다. 그 결과 어딘가에서 발을 헛디디고 말아요.

그래서 **인간관계 문제에서 마음 편해지려면 자신의 감정과 마주하는 자세가 중요**합니다. 그렇게 하더라도 내 곁에 있어 주는 사람은 정말로 나와 함께하고 싶은 사람인 거고요.

물론 인간관계로 인한 고민에서 완전히 해방될 수는 없어요. 하지만 **인간관계 문제로 힘들고 괴로울 때는 '자신의 감정'에 귀를 기울이고 거기에 따르는 것**만으로도 큰 도움이 될 거예요. 예를 들어 가슴이 답답하다면 그 이유를 생각한 다음 종이에 적습니다. 그 기록이 쌓이고 쌓이면 내가 어떤 상황에서 답답함을 느끼는지 경향을 발견할 수 있답니다. 자신의 감정을 파악하지 못하는 것이 막연한 불안감을 불러오기도 하니까 자신의 감정과 마주하는 시간을 조금씩 쌓아 나가다 보면 사람들과 어울리는 것이 점점 편해질 거예요.

인간관계의 대원칙은 '싫어하는 사람과 엮이지 않는 것'

인간관계의 첫 번째 원칙은 '싫어하는 사람과 엮이지 않는 것'입니다. 하루는 24시간, 인생은 길어 봐야 100년이 잖아요. 그러니까 싫어하는 사람과 엮이면 엮일수록 한정된 시간 안에서 싫어하는 시간의 비중이 커지는 셈입니다. 그렇게 생각하면 너무 아깝지 않나요?

게다가 마음에 들지 않는 사람과 얽히면 일이 제대로 흘러가는 법이 없습니다. 가끔 보면 '이 사람이랑 얽히는 건 싫지만 이득 될 게 있을지도 모르니까 참자' 하고 생각하는 사람도 있지만, 딱 잘라 말할게요. 이득 될 거 없습니다. 눈앞에서 큰 이득이 어른거려도 그것은 결국 내 손에 들어오지 않을 때가 많습니다. 그런 사람들은 내가 가진 걸 뺏어가기만 할 뿐 자기 건 하나도 주지 않으려 들거든요. **싫어하는 사람과는 엮이지 않는다. 이 사실만 기억해도 인간관계가 훨씬 편안**해질 거예요.

물론 싫어하는 사람과 어쩔 수 없이 만나야 할 때도 있어요. 그럴 때는 '**거리를 조율**'하는 것을 추천합니다. 전화를 받는 빈도나 메일에 답장하는 타이밍 등을 느슨하게 조정하기만 해도 상대방과 적당한 거리를 둘 수 있답니다. 한집에 사는 사이라면 얼굴을 마주하거나 대화하는 시간을 줄이는 방법도 있어요. 같이 있더라도 상대방의 존재가 신경 쓰이지 않는 관계를 목표로 삼기를 바랄게요.

정 안 되면 도망치는 방법도 있답니다. 전화 받지 않기, 부재중 전화가 찍혀 있어도 다시 걸지 않기, SNS 차단하기 등 사소한 것이라도 좋으니까요. 궁지에 몰렸을 때 상대방에게서 도망친다고 해서 누가 뭐라 할 수 있을까요. 어디까지나 자기 자신을 지키기 위한 수단이잖아요. 마지막에는 도망치는 방법도 있다는 사실을 잊지 마세요.

억지로 괜찮은 척할 필요 없어

앞서 모든 사람과 두루두루 잘 지낼 필요는 없다고 말했습니다. 하지만 여전히 반신반의하는 사람이 많을 듯합니다. 그럼 이번에는 '원만한 인간관계에 집착할 필요 없는 이유'를 함께 생각해 볼까요?

우선 자신에게 물어봅시다. 내가 인간관계를 원만하게 유지하려는 이유는 무엇일까? 혹시 상대방과의 관계가 무너질까 봐 두려워서는 아닌가요? 잘 보이려고 노력하지 않으면 상대방에게서 미움받을지도 모른다. 미움받는 것까지는 아니더라도 지금과 다른 관계가 될지도 모른다. 그런 생각에 억지로 괜찮은 척하고 있지는 않나요?

　남에게 잘 보이고 싶다는 생각으로 가득하면 그 사람의 안색을 계속 살피게 됩니다. 그러는 사이 상대방은 당신을 얕보기 시작합니다. 어느 한쪽으로 기운 관계는 오래 유지해 봐야 나쁜 결말을 맞이할 뿐이에요.

　그렇다면 '원만한 인간관계를 유지하려는 노력'을 그만두면 어떻게 될까요? 가기 싫은 술자리는 거절하고, 싫은 건 싫다고 딱 잘라 말하는 식으로 말입니다. 그렇게 하면 당신의 부정적인 감정을 알아차린 상대방이 대놓고 화를 낼지도 모릅니다. 하지만 그건 어디까지나 일시적인 현상이고, 화가 풀린 상대방이 당신에게 미안한 마음을 갖게 되면 **서로 눈치를 살피지 않아도 되는 건전한 관계로 나아갈 수 있습니다.** 다른 사람의 감정이 바뀔 확률은 그리 높지 않으니 너무 기대하지 않는 게 좋지만요.

　아니면 상대방 쪽에서 멀어질 수도 있습니다. 그래 봐야 피곤한 관계가 하나 사라지는 것밖에 더 되나요? 다시 말해 상대방이 화를 내든 멀어지든 어떤 방향으로 흘러가더라도 나에게는 나쁠 게 없다는 뜻입니다. '모든 사람과 두루두루 잘 지내려고 하지 않는 것'이 결과적으로는 이득인 셈입니다.

아무래도 좋은 관계일수록 적당히

기본적으로 모든 사람과 잘 지내려고 노력할 필요 없습니다. 좋은 관계란 아무것도 하지 않아도 유지되는 관계니까요. 하지만 주변을 살펴보면 가만히 놔둬도 되는 관계인데 잘하겠답시고 나섰다가 역효과를 부르는 일이 많답니다.

원래 잘 지내던 사이라도 '어떻게 하면 이 관계를 끝까지 유지할 수 있을까?' 하고 의식하기 시작하면 상대방의 눈치를 살피게 됩니다. 자연스럽게 행동해서 잘 굴러가던 관계가 오히려 삐거덕거리는 거예요. 이는 상대방도 마찬가지입니다. 관계를 유지하려는 노력이 다른 목적이 있는 꿍꿍이속처럼 느껴져 그 사람을 슬슬 피하게 됩니다. 인간관계에 대한 불안이 큰 사람일수록 이러한 상황에 빠지기 쉽습니다. 그 결과가 '원래 사이가 좋았는데 최근 들어 갑자기 엇나가기 시작했다' 같은 고민입니다.

처음부터 삐걱대던 관계라면 더더욱 원만하게 유지하려고 노력할 필요가 없습니다. 그 사람과는 애당초 맞지 않는 거니까요. 고집과 미련 때문에 어찌어찌 얽히고 있는 것뿐입니다. 그런 사람과 잘 지내려는 것은 '집착' 그 이상도 그 이하도 아니랍니다. **아무래도 좋은 관계니까 적당히, 내 마음 가는 대로 행동하는 것이 가장 현명**합니다.

이 책에서는 사람들과 어울려 사는 데 있어 당신을 힘들게 하는 '피곤한 사람'과 '피곤한 상황'에 대처하는 사고방식과 행동을 알려드리려고 해요. 잘 읽고 실천하면 아등바등 애쓰지 않고도 이상적인 인간관계를 이룰 수 있답니다. 그럴 수만 있다면 살아가는 것이 지금보다 훨씬 쉬워지지 않겠어요?

제2장

우리 주변에서 볼 수 있는 빌런들

항상 까칠한 사람

- ✓ 늘 까칠해서 말을 걸기 힘들다.
- ✓ 그렇다고 해서 상의 없이 일을 진행하면 화낼 것 같다.

    까칠하고 날카로운 분위기가 옮을 것 같아 좀처럼 다가가기 힘든 사람이 있습니다. 일 때문에 얼굴을 맞대고 이야기해야 하는 상황이 다가오면 아침부터 마음이 무거워집니다. **늘 신경질적인 사람을 상대할 때는 그 사람에 대해 파악하는 것이** 먼저입니다. 짜증을 내는 원인을 알면 대책을 세우는 것은 물론이고 나 자신의 짜증을 다스리는 힌트도 얻을 수 있거든요. 여기서는 짜증을 내는 원인을

'현재', '과거', '미래'로 나눠서 설명하겠습니다.

'현재' 상황에 짜증을 내는 사람: 스트레스 내성이 낮은 사람

스트레스 내성은 사람에 따라 다릅니다. 같은 사건이라도 스트레스라고 느끼는 사람이 있는가 하면 전혀 신경 쓰이지 않는다는 사람도 있잖아요? 스트레스 내성이 높은 사람은 어지간한 일에도 스트레스를 받지 않지만, 스트레스 내성이 낮은 사람은 사소한 일로도 상처를 입습니다. 충격을 받아들이는 방법에도 개인차가 있어서 불안해하거나 주눅 드는 사람이 있는가 하면 짜증을 내는 사람도 있습니다.

현재 직면한 상황에 짜증을 내는 사람을 대할 때는 **그 상황을 떠맡아 주는 것이** 좋습니다. 부하 직원과 말이 통하지 않아 짜증이 난 직장 상사를 상대해야 한다면 "그 직원과는 제가 이야기해 볼게요" 하고 손을 내미는 식입니다. 상대방을 잘 관찰하면 어떤 상황을 피하고 싶어 하는지 보일 거예요. 거기에 맞게 대응하면 상대방과 돈독한 관계를 쌓을 수 있답니다. 물론 내가 해낼 수 없는 일까지 맡을 필요는 없습니다.

'과거' 기억이 떠올라 짜증을 내는 사람: 기분 전환이 서툰 사람

기분 전환이 서툰 사람은 신경질을 낸 뒤에도 한참 동안 감정이 돌아오지 않습니다. 현재가 아니라 과거의 기억이 원인이다 보니 주위 사람들로서는 왜 짜증을 내는지 알 길이 없고, 그 사람에게는 늘 신경질적인 사람이라는 꼬리표가 붙습니다.

이런 유형을 대할 때는 **짜증이 가라앉기까지 가만히 내버려두는 것**이 좋습니다. 급한 일이 아니라면 조금 더 기다렸다가 말을 걸어 봅시다. 당장 말을 걸어야 하는 상황이라면 다른 주제로 기분을 돌리는 방법도 있습니다. "커피 한잔하실래요?", "휴게실로 자리를 옮겨서 마저 이야기할까요?" 하는 식입니다. 행동이나 장소가 바뀌면 당장 눈앞의 상황에 집중하게 되니까 자연스럽게 기분도 전환될 거예요.

막연한 '미래' 때문에 짜증을 내는 사람: 예상치 못한 일에 약한 사람

계획을 너무 꼼꼼하게 짜는 탓에 예상치 못한 일이 터지면 자기도 모르게 욱하는 유형입니다. 무슨 일을 어떻게 처리할지 너무 빡빡하게 정하다 보니 일이 예정대로 진행

되고 있는지 불안해서 신경이 곤두서 있어요. 돌발 상황이 없을 때도 어딘지 모르게 긴장감이 감돕니다.

이런 유형인 사람에게는 **다양한 가능성을 미리 알려주는 것**이 좋습니다. "비가 오면 행사가 이틀 연기될 수도 있습니다" 하는 식으로요. 미리 얘기해두면 그때부터는 '예상치 못한 일'이 아니게 되니까 마음의 준비를 할 수 있고 조금이나마 안심이 됩니다.

다른 이유로 짜증을 내는 사람: 컨디션이 나쁜 사람

또 다른 이유로는 컨디션을 들 수 있습니다. 수면 부족, 배고픔, 만성 피로에 시달리다 보면 짜증이 날 수밖에 없고(다들 그럴 때 있지 않나요?) 생리 기간이 다가오면 까칠해지는 사람도 있습니다.

이럴 때는 **상태를 가만히 지켜보는 것**이 좋습니다. 컨디션이 나쁠 때 괜히 여기저기서 건드리면 없던 짜증도 생기는 법. 상대방을 지켜보다가 배가 고파 보이면 간식을 주거나 일을 잠깐 쉬어 가는 등 조그만 배려를 베풀어 봅시다.

<u>짜증을 내는 원인을 분석해서</u>
<u>대책을 짜는 게 중요합니다.</u>

하루하루
기분이 널뛰는 사람

✔ 기분이 좋은 날에는 온종일 웃는 얼굴이다.

✔ 기분이 나쁜 날에는 인사를 무시하는가 하면 말투도 날카롭다.

　　기분이 획획 바뀌는 사람에게 휘둘리느라 힘들었던 적 없나요? 하지만 기분이라는 건 원래 시도 때도 없이 바뀌는 법이랍니다. 시험 삼아 자기 자신을 되돌아보세요. 과거에 있었던 일이 떠올라 기분이 나빠지고, 기다리던 연락을 받아 행복해지고, 갑자기 온몸이 나른해져서 아무것도 하기 싫어지고……. 그러다가도 몇 분만 지나면 또 다른 기분이 들잖아요. 그렇다면 널뛰는 기분 탓에 상대하기 힘든 사람이 지닌 문제점은 무엇일까요?

바로 '자신의 기분을 숨기지 않는 것'입니다. 기분을 숨기지 않는 이유는 크게 두 가지 패턴으로 나눌 수 있습니다. 패턴에 따라 대응 방식도 달라지니까 하나씩 살펴보도록 합시다.

기분을 숨기지 못하는 사람은 '담담히 대하기'

기분을 숨기고 싶어도 숨기지 못하는 사람은 누구를 대하든 비슷하게 행동할 거예요. 그런 사람에게는 한결같은 태도를 유지하면서 **상대방의 기분과 관계없이 담담하게 대응하는 것이 중요**합니다. 상대방이 토라져 있어도 할 일은 해야 하잖아요? 상대방의 눈치를 보면서 기분이 나아질 때까지 기다려 주면 변덕스러운 성격이 더 심해질 수 있답니다.

그 사람이 기분 나쁜 티를 내는 것에 개의치 않듯이 당신도 그 사람의 감정 변화에 개의치 않으면 그만입니다. 상대방의 기분이 좋든 나쁘든 '할 일을 묵묵히'. 꼭 기억해 두세요.

기분을 숨기지 않으려는 사람과는 '거리를 두기'

자신의 기분을 일부러 드러내 보이는 경우입니다. 하

지만 알고 보면 누구든 조금씩은 상대를 봐 가며 감정을 표현하고 있답니다. 짜증이 나더라도 손님을 맞이할 때는 꾹 참지만, 가족들 앞에서는 숨기지 않는 것처럼요. 다시 말해 우리는 상대방과의 거리감에 따라 기분을 숨기거나 숨기지 않습니다.

따라서 기분이 나쁘다는 사실을 숨겨야 하는 상황에서 그러지 않는다면 그 사람은 당신과의 거리감을 잘못 가늠했다고 볼 수 있습니다. 상대방이 거리감을 착각하는 이유는 크게 두 가지가 있습니다.

첫 번째, '이 사람이라면 봐주겠지' 하는 생각에서 나오는 어리광입니다. 업무적인 관계와 사적인 관계를 뭉뚱그려서 생각하는 사람에게서 흔히 보이는 행동입니다. 이럴 때는 업무와 관련 없는 잡담은 자제하고 살가운 말투 대신 존댓말로 대화하는 등 **거리감을 직접 조정하면서 너무 가까워지지 않는 것**이 좋습니다. 실수로라도 감정적으로 대해서는 안 됩니다. 기분을 숨기지 않으려는 사람에게 자신의 부정적인 기분을 내보이면 단순한 감정싸움으로 번지기 쉽거든요.

두 번째, 상대방을 위축시켜서 자기 마음대로 주무르려는 갑질입니다. 골치 아픈 유형이에요. 이런 사람에게는 '담담히 대하기'나 '거리 두기' 같은 방법이 먹히지 않을 때가 많습니다. 그래도 일단은 앞서 설명한 방법을 동원해 봅시다. 그러고 나서도 상황이 여전하거나 오히려 나빠졌다면 **다른 사람과 상담**하는 것이 좋습니다. 일을 키우기 싫다는 생각에 망설여지겠지만 상대방은 바로 그런 심리를 노리고 뻔뻔하게 나오는 것입니다. 굴하지 말자고요!

상대방과 같은 집단에 속해 있다면 나 말고도 비슷한 일을 당한 사람이 더 있을지도 모르니까 제삼자와 얼른 이야기해 봅시다. 이렇게까지 했는데도 가망이 없다면 그 집단을 떠날 준비를 하는 것이 좋습니다.

자신의 기분으로 남을 휘두르려는
사람과는 거리를 둡시다.
'할 일을 묵묵히' 할 뿐
깊이 파고들지는 말자고요.

자기중심적인 사람

✓ 남의 이야기를 듣지 않고 자기 이야기만 늘어놓는다.
✓ 누가 지적해도 자기가 옳다고 우기며 듣지 않는다.

자기중심적인 사람은 그 사실을 자각하지 못합니다. 그런 사람에게 "넌 틀렸어", "넌 너무 자기중심적이야" 하고 말해 봐야 와닿지 않을 뿐만 아니라 관계까지 나빠질 수 있습니다.

그렇다면 어떻게 해야 상대방이 그 사실을 자각하게 만들 수 있을까요? 상대방이 스스로 바뀌려고 하지 않는 한 어려운 일입니다. 상대방의 머릿속에 '어쩌면 내가 잘못한 건 아닐까?' 하는 생각이 잠깐이라도 들지 않으면 아무 일도 벌어지지 않습니다. **다른 사람을 바꾸는 일은 불가능하니까 깔끔하게 포기**하세요.

물론 대책이 전혀 없는 것은 아닙니다. 자기중심적인 사람을 대하는 방법에는 크게 두 가지가 있습니다.

'나 전달법'으로 내 기분 전하기

'아이메시지I-message'라고도 하는 '나 전달법'은 '나(I)'를 주어로 삼아 메시지를 전하는 방법입니다. 나 전달법을 잘 활용하면 사람들과 원만한 관계를 유지할 수 있다고 합니다. 반대되는 개념이 '너 전달법You-message(유메시지)'입니다. '너(You)'를 주어로 놓고 말하는 방법입니다. 너 전달법을 남발하면 상대방과 관계가 어그러지기 쉽습니다.

예를 들어 볼까요. 앞서 말한 "넌 틀렸어", "넌 너무 자기중심적이야" 같은 말은 '너'를 주어로 하는 전형적인 너 전달법입니다. **이런 말을 들었을 때 화가 나는 것은 '너는 ○○이다'라고 멋대로 규정하기 때문**입니다. 긍정적인 내용이라면 다행이지만 부정적인 내용이라면 "네가 나에 대해 뭘 아는데" 하고 반발을 살 수 있습니다.

이 말을 나 전달법으로 바꿔 볼까요.

"난 네가 틀렸다고 생각해."

"난 네가 너무 자기중심적이라고 생각해."

크게 달라지지 않았네요. 단어만 바뀌었지 여전히 너 전달법이기 때문입니다. "나는 ○○이라고 생각해"라는 말만 덧붙였을 뿐 상대방을 규정하는 구조 자체는 그대로거든요. **핵심은 '규정하지 않는 것'**입니다. 상대방의 행동을 구체적으로 보여주고 자신이 어떻게 생각하는지 알리기, 이것이 바로 나 전달법의 기본 원리입니다.

한참 전에 부탁한 정리를 차일피일 미루는 남편에게 너 전달법으로 말하면 이렇게 됩니다.

"부탁한 지가 언젠데 (너는) 아직도 시작을 안 했어?"

이 말을 들은 남편은 정리를 시작하려다가도 말 자체에서 느껴지는 부정적인 뉘앙스에 발끈할 것입니다.

반면 나 전달법으로 말하면 이렇게 됩니다.

"부탁한 일을 자꾸 미루면 (나는) 슬퍼."

"지금이라도 정리를 시작하면 (나는) 기쁠 텐데."

이렇게 긍정적으로 말할 수도 있답니다. 다만 너무 빙 돌려서 말하면 상대방이 알아차리지 못할 수도 있으니까 때와 장소에 맞게 구분해서 사용해야 합니다.

정신과 의사도 사용하는 '프레이밍 효과'

'프레이밍 효과'는 정신건강의학과에서 활용하는 기술 중 하나입니다. 병이 나으려면 정기적으로 진찰을 받고 처방받은 약을 용량에 맞게 먹어야 하다 보니 의사와 환자 사이에 일정한 규칙이 생깁니다. 따라서 초진 때 필요한 규칙을 일러주고 이러한 규칙을 지키지 않으면 치료를 진행할 수 없다는 약속을 받아내면서 '프레이밍'을 설정하는 거예요.

자기중심적인 사람을 상대할 때도 **그 사람의 행동 중 허용할 수 없는 것을 미리 일러주고 이를 지키지 못하면 상대하지 않겠다고 딱 잘라 말하면 됩니다.** "이 일을 ○○ 일까지 끝내지 못하면 내가 다음 절차를 처리할 수 없으니 전부 혼자 진행해야 한다" 하는 식입니다. 상대방이 약속을 어기면 미리 말한 대로 대응하면 됩니다. 그 일로 상대방과 멀어지더라도 하는 수 없고요.

다른 사람이 나를 자기 멋대로 규정하는 것은
누구든 싫지 않을까요.
남을 규정하는 대신 내가 어떻게 느꼈는지,
무엇을 바라는지 말해 봅시다.

상대방에 따라
태도를 바꾸는 사람

- ✓ '잘나가는 사람'에게는 굽실거린다.
- ✓ '자기 아래에 있다고 생각하는 사람'에게는 쌀쌀맞고 엄격하다.

　가까운 사람이 상대방에 따라 태도를 바꾸는 타입이라니, 상상만 해도 골치 아프네요. 그 사람의 마음에 들지 못하면 신뢰 관계를 쌓기 힘들 테니까요. 이럴 때는 어떻게 대응해야 할까요?

　사실 이러한 사람에게는 '어떻게 대응하느냐'보다 '**내가 어떻게 행동하느냐**' 쪽이 훨씬 중요합니다. 이러한 사람이 윗사람에게 굽실거리고 아랫사람에게 매몰찬 것은 그렇게 해야 이득을 본다고 생각하기 때문입니다. 그러니까 당신은 누구에게나 공평하고 솔직하고 당당하게 행동해서 당신을 상대로 태도를 바꿀 메리트가 없다는 사실을 보여 줘야 합니다. 다만 구체적인 행동은 상대방과 자신의 관계에 따라 조금씩 달라집니다.

내 지위가 더 높다면

자신은 사람에 따라 태도를 바꾸는 인간이 아니라는 사실을 행동으로 보여줍니다. 회사라면 회의 시간이나 면담 등을 활용하면 됩니다. 다음으로는 구석구석 유심히 살펴보다가 하급자라고 해서 함부로 대하는 사람을 발견하면 따끔하게 경고합니다. 이때도 내가 태도를 손바닥 뒤집듯이 바꾸면 안 됩니다. **주변 사람들은 당신의 말보다 행동을 보거든요.**

말만 가지고 상대방을 평가하지 않는 것도 중요합니다. 예의에 어긋나는 말까지 용서할 필요는 없지만요. 말재주가 좋은 사람이 있는가 하면 좋지 않은 사람도 있으니 상대방의 행동을 보고 그 사람의 생각을 판단합시다.

내 지위가 더 낮다면

스트레스를 주는 상황 대부분이 여기에 해당할 것입

니다. 다만 이때도 공평하고 솔직하고 당당하게 행동해야 한다는 사실은 변하지 않습니다. 상대방이 입에 발린 소리를 좋아하더라도 억지로 추켜세워 줄 필요는 없습니다. 마음에도 없는 아첨을 하다 보면 스트레스가 더 심해질 테니까요. 할 일을 담담히 해내고, 적당한 거리를 유지하는 것이 좋습니다.

지위가 비슷하다면(직장 동료 등)

그 사람을 반면교사로 삼으면 그만입니다. 그 사람이 어떻게 행동하든 나는 필요 이상으로 아부를 떨거나 아랫사람을 닦달하지 않으면 됩니다. 그렇게 자기만의 길을 걷다 보면 '상대방에 따라 태도를 바꾸는 사람' 따위 눈에 들어오지도 않을 거예요. 그러한 당신의 모습을 보고 그 사람이 서서히 바뀔 수도 있지만, 다른 사람에 관해서는 너무 기대하지 않는 쪽이 좋습니다.

도저히 참기 힘든 수준이라면 분명하게 이야기합시다. 이때도 '나 전달법'이 중요합니다. "후배 직원을 대할 때도 좀 더 정중하게 말하는 게 좋지 않을까" 정도면 충분합니다. 물론 억지로 말할 필요는 없지만요.

지금까지 상황별로 살펴봤는데요. **가장 중요한 것은 바로 '자신의 축'입니다.** 자기 안에 있는 축을 따라 스스로 수긍한 다음에야 행동으로 옮기는 거예요. 반대되는 개념인 '타인의 축'은 다른 사람의 평가를 신경 쓰면서 행동하는 것입니다. 즉 **자신의 행동은 스스로 긍정할 수 있는 방향으로 결정하면 되고, 타인의 축에 따라 움직이는 사람은 굳이 신경 쓰지 않으면 됩니다.** 윗사람에게 보이는 태도는 좋은 평가를 얻기 위한 겉치레고, 아랫사람에게 보이는 태도가 진심입니다. 눈엣가시 같은 그 사람도 사실 행복하지 않다고 생각하면 짜증이 조금은 가라앉지 않을까요?

더 나아가서는 '이해타산이 없는 관계'를 목표로 삼아야 합니다. 상대방에 따라 태도를 바꾸는 사람은 이해타산에 따라 움직이는 사람입니다. 나 자신부터 이해타산에 얽매이지 않는 관계를 유지하다 보면, 계산기를 두드려 가며 움직이는 사람과 그렇지 않은 사람 간의 말과 행동의 차이가 느껴질 거예요.

그리고 이해타산과 무관한 관계는 인간관계에서 발생하는 스트레스를 치유해 주므로 상대방에 따라 태도를 바꾸는 사람은 조만간 눈에 들어오지도 않을 거예요. 나자신의 인간관계를 건전하게 다지는 것이 제일이랍니다.

나 자신부터
'상대방이 누구든 똑같이 대하는
사람'이 되면 어떨까요.
어디선가 그런 나를 지켜보는
사람이 있을 테니까요.

관심이 필요해서
시도 때도 없이 연락하는 사람

✔ 별다른 용건이 없어도 틈만 나면 전화나 메신저로 연락한다.
✔ "지금 시간 있어?"가 말버릇.

    메신저나 SNS로 이야기하다 보면 금방 피곤해지는 사람이 있습니다. 이는 '정해진 사용 규칙이 없기 때문'입니다. 오래전부터 존재한 전화와 메일은 암묵적인 규칙과 상식이 어느 정도 형성되어 있지만, 비교적 최근에 나온 메신저와 SNS는 사람에 따라 사용하는 방식이 다릅니다. 메시지를 연달아 보내는 사람이 있는가 하면 며칠에 한 번 답장하는 사람도 있어요. 숫자 1이 사라지도록 내버려두는 사람이 있는가 하면 1이 사라지지 않게 잠금화면에서 메시지를 확인하는 사람도 있습니다. 이모티콘만으로 대화하는 사람이 있는가 하면 이모티콘을 전혀 쓰지 않는 사람도 있고요. 이처럼 사람에 따라 사용 방식이 다르다 보니 오해가 생기기도 합니다.

할 말이 없으면 숫자 1이 사라져도 답장을 보내지 않는 A를 예로 들게요. A의 상식 속에서 숫자 1을 없애는 일은 메시지를 읽었다는 사실을 전하는 것입니다. 하지만 누군가는 A의 답장을 한참 기다린 끝에 '왜 읽었다고 답장을 안 하지? 예의가 없네' 하고 생각할지도 모릅니다. 'A가 날 싫어하나?' 하고 부정적으로 받아들이는 사람도 있을 테고요.

이처럼 사람들은 제각기 다른 '상식'을 갖고 있으며 자신과 다른 사람의 '상식' 사이에서 격차를 느낄 때 인간관계에 균열이 생기기 쉽습니다. 이를 염두에 두고 '자신의 규칙에 따라 움직이는 것'이 중요하답니다. 구체적으로는 다음과 같은 행동을 추천합니다.

상대방과 관계없이 '자신의 페이스'에 따라 답장하기

메시지가 몇 통씩 연달아 온다고 해서 휴대폰을 붙들고 있을 필요는 없습니다. 대화는 이어져도 그만, 갑자기 끊어져도 그만입니다. 대화를 끊기 전에 '급한 일이 생겨서 답장할 수가 없습니다' 하고 양해를 구하는 사람도 있지만, 일단은 아무 말 하지 않아도 괜찮아요.

관심이 필요한 사람은 무의식적으로 상대방을 휘두르려고 합니다. 당신이 자신의 규칙을 따라 움직일 때마다 변명하기 시작하면, 나중에는 변명을 늘어놓기 전까지 이해해 주지 않을 것입니다. 그러니까 처음에는 양해를 구하지 않습니다.

물론 상대방이 먼저 물어보면 "난 원래 이런 식으로 보내"라고 답해도 되지만, 묻지도 않았는데 먼저 말해서는 안 됩니다. 이렇게 하면 상대방은 당신의 기분을 고려하기 시작하고, 관심을 요구하는 일도 줄어들 것입니다. 아무것도 바뀌지 않더라도 그건 그것대로 괜찮습니다. **다른 사람이 바뀔 거라고는 너무 기대하지 마세요.** 중요한 것은 나 자신이 휘둘리지 않는 사람으로 존재하는 것입니다.

'자신의 규칙' 설명하기

당신이 자신의 페이스에 따라 답장하는 것에 대해 상대방이 불만이나 불안감을 내비치면 그때는 자신의 규칙을 설명해 줘도 괜찮습니다. "2, 3일에 한 번 답장할 때가 있습니다" 정도 뉘앙스로요.

설명해 줘도 고집을 부리며 자신의 규칙을 강요하면 아예 상대하지 말고 하던 대로 밀고 나가면 됩니다. 귀찮으니까 그냥 맞춰줘야겠다고 생각할 필요가 없습니다. 관심이 필요한 사람은 줏대 있는 사람에게 약하니까 중간에 포기할 거예요. 사이가 멀어져도 **'서로 안 맞으니까 차라리 잘된 일이야'** 하고 넘어가면 그만이고요.

대체로 이 두 단계를 거치면 상대방은 '이 사람은 이런 식으로 답장하는구나' 하고 이해해 줄 것입니다. 당신이라고 해서 상대방의 메신저 사용 규칙에 불만이 아예 없지는 않잖아요? 다들 마찬가지예요. 그러니까 너무 신경 쓸 필요 없답니다.

<u>관심을 요구하는 사람을 상대할 때는
자신의 페이스를 지키는 것이 중요합니다.</u>

자연스럽게
친해지기 힘든 사람

✓ 몇 번을 만나도 서먹서먹하다.
✓ 갑자기 확 다가오거나 금방 친한 척한다.

　사람들과 어울리는 데 있어 긴장감은 어느 정도 필요하지만 너무 심하면 금방 피곤해집니다. 며칠 전까지만 해도 같이 웃고 떠들던 사이였는데, 다시 만나니 모르는 사람처럼 굴어서 난감했던 적 있지 않나요?

　강연회나 세미나에서는 청중의 긴장을 풀기 위해 '아이스 브레이킹'을 활용합니다. 이는 일상적인 대화에도 적용할 수 있습니다. 아이스 브레이킹에는 자기소개, 미니 게

임 등 다양한 종류가 있는데 여기서는 평소에도 활용할 수 있도록 응용한 방법을 소개할게요.

내가 어떤 사람인지 알리기

아이스 브레이킹 중 가장 간단하면서 흔히 쓰이는 것이 자기소개입니다. 이미 아는 사이라면 자신을 소개하기 새삼스럽겠지만, 자기소개의 핵심을 '자기 노출self-disclosure'로 응용하면 된답니다. "사실 나는 ○○을 좋아해", "○○은 싫어해" 하고 **자신이 어떤 사람인지 조금씩 내놓는 것입니다.**

잡담 중에 이러한 대화를 자연스럽게 주고받다 보면 상대방도 분위기를 타기 쉬워집니다. "대리님도 그래요? 저도 별로 안 좋아해요" 하는 식으로 이야기의 물꼬가 트이면 친해지는 것도 시간문제랍니다.

자기 노출을 하는데도 상대방이 여전히 묵묵부답이라면 질문을 던져 보는 건 어떨까요. 우선은 개방형 질문으로 시작합니다. 개방형 질문이란 "네", "아니오"로 답할 수 없고 자유로운 답변을 요구하는 질문 형태입니다. "이 문제에 대해 어떻게 생각하세요?", "특기가 뭐예요?" 하는 식입니다. 이야기가 가지를 뻗어 나가기 쉬운 질문 형태입니다.

다만 생각을 말로 잘 표현하지 못하거나 낯을 가리는 사람은 이야깃거리를 던져도 대답을 망설일 수 있습니다. 너무 재촉하지는 말자고요. 상대방은 나름대로 노력하고 있는 걸지도 모르니까요. 자기 생각이나 감상을 금방 언어화하는 사람이 있는가 하면 그렇지 않은 사람도 있습니다. 언어화가 서툰 사람은 자신의 감정을 정리하는 데 시간이 필요하거나, 정리한 감정을 표현하는 여러 방법 사이에서 헤매는 경우가 많습니다. 아무 말도 하지 않으려는 건 아니니 따뜻한 눈으로 지켜보자고요.

감정을 언어로 표현하는 것에 서툰 사람과 이야기할 때는 **"네", "아니오"로 답할 수 있는 폐쇄형 질문**부터 해 봅시다. "이 음식 좋아하세요?", "운동 잘하세요?" 하는 식으로요. 대답하기 쉬운 질문으로 시작하면 상대방도 점차 익숙해질 거예요.

아이스 브레이킹 중에는 참가자들끼리 간단한 게임을 하는 방법도 있습니다. 일상 속에서는 '공동 체험' 같은 방법으로 응용해 보면 어떨까요. 어떤 체험이든 좋습니다. 함께 점심을 먹거나 차를 마셔도 되고 (직장에 따라 다르지만) 영업이나 인사를 나가도 됩니다. 싫어하는 일을 억지로 강요해서는 안 되겠지만 같은 체험을 공유하다 보면 두 사람의 거리도 가까워질 것입니다.

'적절한 행동'에만 반응하기

쓸데없는 아첨을 부리거나 부담스러울 정도로 친한 척하는 등 다른 사람과 가까워지는 방식이 적절하지 않은 사람은 이렇게 대하면 됩니다.

쓸데없는 아첨이나 사탕발림을 들으면 가볍게 흘려버리고 상대방이 바람직한 말이나 행동을 하면 눈에 띄게 기뻐하며 칭찬합니다. 간단해 보이지만 일관성을 갖고 꾸준히 유지하면 상황이 크게 바뀔 거예요.

사적 공간에는 개인차가 있어요.
상대방의 거리감에 스트레스를 받지 않도록
내가 할 수 있는 부분부터 조정해 봅시다.

남이 나설 때까지
손 놓고 기다리는 사람

- ✓ '나 아니라도 누가 나서겠지' 하고 생각한다.
- ✓ 모임의 주최자를 정할 때 주로 출몰한다.

'뭐든 남에게 맡기는 사람'과 함께 있으면 피곤하기는 하지만, 그 사람을 그렇게 만든 건 다름 아닌 나일지도 모릅니다. 인간관계는 한 사람만으로 성립할 수 없거든요. 그러니까 상대방과 한 쌍을 이루는 나 역시 그 '피곤한 관계'에 어느 정도 일조하고 있는 셈입니다.

당신이 가슴 졸일 필요 없다

예를 들어보겠습니다. 아무도 송년회 주최자를 맡으려 하지 않습니다. 맡아도 된다는 사람은 있어도 적극적으로 나서지는 않습니다. 하지만 누군가는 주최자를 맡아서 가게를 정하고 예약을 해야 합니다. 이럴 때 주위 사람들은 어떻게 생각할까요?

'어차피 ○○ 씨가 맡겠지.' 아마 이렇게 생각할 거예요. 눈치챘겠지만 빈칸에는 당신의 이름을 넣으면 됩니다. 아무도 나서지 않으면 당신은 스트레스를 받으면서도 일을 떠맡을 것입니다. 다들 그렇게 생각하니까요. 그리고 예상했던 대로 당신은 내키지 않는 얼굴로 손을 듭니다.

다시 말해 당신의 말과 행동에 따라 주위 사람들의 말과 행동이 정해집니다. 그러니까 당신이 말과 행동을 바꾸면 모든 게 해결됩니다. 이러한 상황에서는 **당신이 절대 주최자를 맡지 않으면 됩니다.** 주변에서 맡아 주기를 바라더라도 신경 쓰지 마세요. 누가 "○○ 씨, 안 할 거예요?" 하고 넌지시 물어보면 "매번 제가 했으니까 이번에는 쉬어 갈게요" 정도로 말하면 됩니다.

가슴 졸일 필요도 없어요. 송년회는 해도 그만 안 해도 그만이잖아요. 가벼운 마음으로 당신도 누군가 나서기를 기다리면 됩니다. 그렇게 하면 주위 사람들의 반응도 바뀌기 시작합니다. 다른 누군가가 나설지도 모르고, 송년회 자체가 없어질지도 모릅니다. 그건 그것대로 좋잖아요. 적어도 **당신이 나서는 게 당연하다는 듯이 자리 잡거나 당신이 스트레스를 받을 일은 없을** 테니까요.

하지만 '송년회가 없어지거나 붕 뜰 바에는 내가 잠깐 힘든 게 낫다'라고 생각한다면 나서도 괜찮습니다. 스스로 수긍해서 결정한 행동이니까 분위기에 휘말려서 떠맡을 때보다는 스트레스를 덜 받을 것입니다. 다시 말해 이것은 주위 사람의 문제가 아니라 당신 안에 있는 '자신의 축' 문제랍니다.

다른 사람의 평가보다 중요한 것은 '내가 인정하느냐'

'자신의 축'을 따른다는 것은 스스로 수긍한 다음 자신의 행동을 결정하는 것입니다. 반대로 '타인의 축'을 따른다는 것은 다른 사람의 평가를 신경 쓰면서 행동하는 것입니다. 타인의 축을 따라 행동하는 사람은 '자신의 감정'을 뒷전으로 미룹니다. 자신의 감정을 억누르면서 살다 보니 스트레스가 쌓이고 행복하지 않아요.

내키지도 않는데 주최자를 맡는 것은 그야말로 타인의 축을 따르는 행동입니다. 여기서 행동의 기준을 자신의 축으로 바꾸기만 하면 됩니다. 구체적으로는 **행동에 옮기**

기 전에 '내 의견은 어떠한가', '수긍할 수 있는 행동인가'
를 생각하는 버릇을 들이기를 추천합니다.

타인의 축에 휩쓸리기 쉬운 사람은 자신의 감정을 뒷전으로 미루는 일에 익숙해져서 나중에 가서야 욱하고 화가 치밀어오릅니다. 그러지 않기 위해서라도 자신의 마음을 돌이키는 버릇을 들이자고요. 그런 다음 행동에 옮기기 직전 마지막으로 점검합니다. 다시 한번 자기 자신에게 물어보는 거예요. 만약 내가 수긍할 수 없다면 절대 행동으로 옮겨서는 안 됩니다. 스스로 수긍할 때까지 곰곰이 생각하면서 기다려야 합니다. 그러다 보면 주변 사람들의 대응도 저절로 달라질 거예요.

스스로 인정하지 못한 일을 해서는 안 됩니다.
행동으로 옮긴 이상 주변 사람들은
당신이 인정했다고 생각할 테니까요.

매사에
부정적인 사람

✔ 입만 열면 투정에 불평불만.
✔ 말버릇은 "그치만"과 "그런데". 일을 할 수 없는 이유만 찾는다.

매사에 부정적인 사람은 사실 자신의 투정을 들어주기를 바랄 뿐이에요. 당신이 뭐라고 대답하든 "그치만" 하고 받아치면서 귀담아듣지 않는 것도 그 때문입니다. 귀담아들으면 이야기가 끝나버리니까요. 어느 정도 친한 사이라면 "힘든 일이 있었는데 얘기 좀 들어줘!", "하는 수 없지 뭐" 하는 식으로 흘러갈 수 있습니다. 그 정도로 친하지는 않지만 내 푸념을 들어주고 위로해주면 좋겠다, 그럴 때

나오는 말이 "잠깐 커피나 마실래?"나 "상담하고 싶은 게 있는데"입니다.

이런 사람에게는 조언을 해 봐야 소귀에 경 읽기라 대체 어떤 대답을 원하는지 답답해집니다. 이제 상대방이 어떤 사람인지 알게 되었으니 투정을 들어달라는 뜻이라고 해석한 다음 대책을 고민하면 돼요.

타이밍만 살짝 비틀어도 푸념할 의욕이 사라진다

불평불만이 많은 사람은 대체로 충동적이고 지금 당장 자신의 투정을 들어주기를 바랍니다. 그러다 보니 "잠깐 시간 괜찮아?", "오늘 저녁에 시간 있어?" 같은 말을 꺼냅니다. 전화를 걸어 다짜고짜 넋두리를 쏟아내기도 합니다. 푸념은 스트레스를 발산하는 수단이니까 스트레스가 쌓인 '지금'이 아니면 안 되는 거예요.

다시 말해 **푸념을 듣고 싶지 않다면 '지금' 대응하지 않으면 됩니다.** "지금은 다른 일이 있어서 다음 주는 어때?" 하고 대꾸하면 다음에 연락하겠다며 한발 물러서지 않던가요? 정말 중요한 상담이라면 일정을 조정할 것입니다. 그럴 때는 이야기를 들어줘도 괜찮아요.

거절에 이유는 필요 없다

푸념을 들어 달라고 하는 사람이 바라는 건 딱 하나, 마음이 개운해지는 것입니다. 그래서 홀가분해질 때까지 이야기하려고 합니다. 게다가 이런 사람은 상대방의 시간을 뺏는 것이 잘못된 행동인지 모릅니다. 그러다 보니 한번 붙잡히면 몇 시간씩 투정을 들어주게 됩니다.

이야기를 들어주기로 했다면 **시간을 명확히 구분해서 '한도'를 알려주는 것이** 중요합니다. 이 '한도'는 이야기를 시작하기 전에 미리 알려줍시다. 핵심은 이야기가 의외로 흥미진진하게 흘러가서 당신의 마음이 바뀌더라도 '한도'는 넘지 못하게 하는 것입니다. 이것은 정신건강의학과 진료와 상담에서도 자주 쓰이는 '프레이밍 효과'를 응용(40쪽 참고)한 방법입니다.

"한 시간은 들어줄 수 있는데, 그래도 괜찮아?", "저녁 7시에는 집에서 나가야 하니까 그때까지만 들어줄게" 하고요. 이때 프레이밍은 '1시간(제한 시간)'과 '저녁 7시(기한)'입니다.

회사 일이나 선약 등 이유를 대고 싶겠지만 이유는 밝히지 않는 쪽이 좋습니다. 이유만 없으면 더 들어준다는 의미로 받아들일 수 있기 때문입니다. 그다음부터는 무엇이든 간에 이유를 대지 않으면 거절하기 힘든 분위기로 흘러가서 오히려 더 귀찮아집니다. 내 시간은 내 거잖아요. 거절에 이유는 필요하지 않습니다.

상대방에게서 멀어지는 것도 좋은 선택지

앞서 소개한 방법대로 행동하면 대부분 '이 사람은 내 불평을 호락호락 들어주지 않는구나'라고 판단해서 적당히 거리를 두기 시작할 것입니다. 하지만 개중에는 이러한 방법이 전혀 통하지 않는 사람도 있고, 자기 이야기를 들어 달라며 오히려 화를 내는 사람도 있습니다.

그럴 때는 상대방에게서 멀어지는 것도 좋은 선택지입니다. **멀어지기 전에 불평이 많은 사람은 싫다고 확실히 말해도 좋고, 연락의 빈도를 줄이면서 서서히 멀어져도 좋습니다.**

불평이 많고 부정적인 사람과 같이 있으면 피곤해지기는 하지만 '자신의 축'을 지키면서 잘 지내보자고요.

<u>푸념을 듣는 게 싫다면</u>
<u>도망치거나 피하거나 거절합니다.</u>
<u>감정 쓰레기통을 자처하지 마세요.</u>

긍정적인 자세를
강요하는 사람

✔ 언뜻 보기에는 밝고 행동력 있는 '좋은 사람'.
✔ 남들도 밝게 지낼 것을 강요한다.

　　긍정적인 사람을 상대할 때 피곤해진다면 그 원인은
긍정적인 사람 자체가 아닙니다. 똑같이 긍정적인 사람이
라고 해도 '주변 사람까지 덩달아 힘이 나는 유형'과 '주변
사람을 피곤하게 만드는 유형'이 있잖아요? 이는 긍정적인
자세를 강요하느냐 강요하지 않느냐에 달려 있습니다.

　　긍정적인 자세를 강요하는 사람은 상대방의 부정적
인 감정을 인정하지 않기 마련입니다. 즉 본인은 긍정적이

지만 하는 행동은 부정적이라고 볼 수 있습니다. 다른 사람의 고민을 들을 때도 가슴 속 깊은 곳에서는 '별것도 아닌 일로' 하고 생각하니까 가벼운 반응만 보입니다. 상황에 따라서는 생각으로 그치지 않고 입 밖에 내기도 합니다.

이런 사람은 긍정적인 자세를 강요하다 못해 상대방을 계몽하려 들기도 합니다. "(나는 긍정적으로 생각할 수 있는데) 넌 왜 그렇게 부정적이야?" 하는 식으로요. 그런 사람과는 어지간하면 엮이지 않는 것이 좋습니다. **엮이더라도 너무 깊이 파고들지 말고 "그렇군요" 같은 말로 흘려버리세요.** 상대방이 살갑게 나오면 말을 들어줘야 하나 싶기도 하지만 이때도 '적당히'면 됩니다.

외향적이지 않아도 괜찮아

굳이 따지자면 이런 사람에게 어떻게 대응하느냐보다 **외향적인 사람을 질투하는 자기 자신에게 눈을 돌리는 쪽이 좋습니다.** 사실 저도 부정적인 편이라 종종 불안해지거나 풀이 죽거든요. 친구가 많은 것도 아니고 친구 사이를 유지하는 일에도 서툴러요. 젊은 시절에는 그런 저 자신에게 실망할 때도 많았지만 '외향적인 사람을 질투하지 않는 사고방식'을 알고 나서는 마음이 꽤 편해졌답니다.

사람들에게는 각자 개성이 있고, 생각하는 방식이나

무언가를 받아들이는 방식도 가치관도 달라요. 어디가 어떻게 다른지 상대방이 곧이곧대로 말해주는 것도 아닙니다. 말이나 행동에서 배어 나오는 정보로 그 사람의 내면을 추측해 관계를 구축해야 합니다. 그런 점에서 누군가와 커뮤니케이션하는 것은 방대한 정보를 처리하는 것만큼 어려운 일이랍니다. 다시 말해 외향적으로 행동하는 것은 당연하고 쉬운 일이 아닙니다. 외향적이지는 않아도 매력적인 사람이 얼마나 많은데요. 그런 일로 우울해할 필요 없답니다.

외향적인 사람은 인간관계를 무의식적으로, 매끄럽게 유지하는 재능을 갖고 있습니다. 언어나 스포츠 등 어느 한 영역에서 특출난 재능을 가진 사람이 있는 것처럼 '사교'라는 재능을 가진 사람도 있는 거랍니다. 그러니까 **다른 사람과 어울리는 것이 힘들더라도 너무 의기소침해지지 말고 자신이 잘하는 영역을 더 갈고닦으면 그만입니다.**

나에게 맞는 인간관계의 '양과 질'

'외향적인 사람의 인간관계가 그대로 내 인간관계가 된다면 어떨까?' 상상해 본 적 없나요?

막상 상상해 보면 그렇게까지 부럽지는 않을 거예요.

수많은 사람과 쉼 없이 연락을 나누고, 다양한 행사에 사람들을 초대하거나 초대받거나, 일정은 착착 들어차고, 혼자 느긋이 보내는 시간은 사라집니다. 이것이 정말 당신이 원하던 모습인가요?

외향적인 사람은 이러한 상황이 당연하고 즐거운 것뿐입니다. 당신이 보기에는 귀찮고 부담스럽겠지만요. 다시 말해 **자신이 편하다고 느끼는 인간관계의 양과 질이 근본적으로 다른 거예요.** 자신에게 맞는 인간관계를 구축하는 것이 정답입니다.

누가 긍정적인 자세를 강요해도
필요 없으면 거절하세요.
그리고 긍정적이지 않은
자기 자신을 받아들이는 거예요.

말만 앞서는 사람

- ✓ 의욕 넘치는 모습에 처음에는 믿음이 간다.
- ✓ 말버릇은 "할 수 있습니다"와 "맡겨 주세요".

성실함이 중요하다고들 합니다. 그렇다면 '성실함'이
란 무엇일까요?

성실함이란 '말과 행동을 일치시키는 것'입니다. 반대
로 말과 행동이 일치하지 않는 사람은 '불성실한 사람'이라
고 여겨지기 마련입니다.

말과 행동이 다르면 본인만 손해 본다

성실한 사람은 불성실한 사람을 싫어합니다. 나는 말한 것을 지키는데 상대방은 지키려 들지 않습니다. 나만 바보가 된 것 같은 느낌에 스트레스가 쌓입니다. 내가 성실하기 위해 상대방에게도 성실함을 요구하는 것입니다. 따라서 내가 성실하게 행동하면 성실한 동료들이 모입니다. 성실한 동료와 뜻을 함께하면 다양한 일에서 서로 힘을 합치고, 더 큰 일을 추진할 수 있어요.

그리고 성실한 사람은 자기 자신을 냉정하게 바라볼 줄 압니다. **말한 것을 지키려면 지금 자신이 할 수 있는 일과 할 수 없는 일을 파악**해야 하거든요.

반면 말과 행동이 다른 사람은 자신을 과대평가하기 마련입니다. 자신이 할 수 있는 일인지 고려하지 않고 말부터 내뱉고 보는 버릇이 있기 때문입니다. 신기하게도 할수 있다며 당당하게 나서면 실제로는 아직 하지 않은 일도 할 수 있을 듯한 기분이 들거든요.

행복하게 살려면 '자신의 축'이 중요하다고 줄곧 말했는데요. 현실의 자신을 모르면 스스로 수긍할 수 있는 선택도 할 수 없답니다. 그런 의미에서도 말과 행동을 일치시키는 것은 중요한 일입니다.

말과 행동이 다른 사람은 결국 본인이 손해를 본다는 사실, 이제 알겠나요? 말과 행동이 일치하지 않으면 성실한 동료도 생기지 않고, 있는 그대로의 자신도 알 수 없습니다. 자신이 할 수 있는 일과 할 수 없는 일도 구별하지 못합니다. 목표를 어떻게 세워야 할지도 모릅니다. 언행 불일치의 대가는 결국 본인에게 되돌아가니까 당신이 굳이 화낼 필요가 없답니다.

'불가능'을 전제로 하면 화나지 않는다

말과 행동이 다른 사람을 상대할 때는 **'본인이 할 수 있다고 말해도 믿지 않는 것'**이 중요합니다. '못 할지도 모른다'가 아니라 '못 한다'입니다.

다만 이러한 사람은 진짜 자기 자신을 받아들이지 못하므로 "이러이러한 사정이 있어서 아직 못 했습니다" 하고 변명을 늘어놓을 것입니다. 이렇게 모든 일을 얼렁뚱땅 넘어간 끝에 맡은 일을 시원스럽게 해내지 못하는 사람이 된 거예요.

그러니까 '못 할지도 모른다'가 아니라 '못 한다'를 전제로 삼고 대응하세요. 중요한 일을 맡기거나, 맡기더라도 알아서 하도록 내버려두면 안 됩니다. 반드시 다른 누군가가 진행 상황을 수시로 확인하게끔 합시다.

혹시 기한 내에 일을 다 해내더라도 안심해서는 안 됩

니다. 말과 행동이 다른 사람은 자신에 대한 기준이 낮으므로 일을 전부 맡기는 순간, 할 수 있었던 일도 못 하게 되거든요. 처음부터 하지 못한다고 가정하면 스트레스도 덜 받을 거예요.

말과 행동이 일치하지 않는 사람은 '작은 행동'에서 티가 납니다. 약속 시간에 자주 늦거나 누가 봐도 지각인데 "지금 ○○ 지나고 있어요" 하고 곧 도착할 것처럼 둘러대는 식으로요. 돈 내는 일을 자주 까먹거나 돈을 내려 하지 않기도 합니다. 시간과 돈을 '불성실하게' 쓰는 사람은 말과 행동이 일치하지 않을 가능성이 크답니다.

성실한 인간관계를 쌓으려면
내가 먼저 성실해져야 합니다.

제3장

같이
대화하기
싫은 사람들

지적부터
하고 보는 사람

✓ 내가 낸 의견에는 묻지도 따지지도 않고 반대.
✓ 말버릇은 "아니", "그런데", "그치만".

뭐가 됐든 태클부터 걸고 싶은 사람도 있는 법

신입 시절, 보고를 올릴 때마다 지적부터 하는 상사 때문에 힘들었던 적이 있습니다. 보고 자체가 무서워질 정도였어요. 물론 보고를 안 할 수는 없으니까 벌벌 떨면서 어떻게든 해내긴 했지만요. 그때 경험 덕분에 지금은 어지간한 일에는 꿈쩍도 하지 않는답니다.

이런 제 경험에 비추어 봤을 때 '지적부터 하고 보는

사람'은 무슨 일이 있어도 태클을 겁니다. 아주 가끔 할 말이 없을 때는 괜히 뚱한 얼굴을 하고 있습니다. 그러니까 **'이번에는 지적받지 않겠지?' 하는 기대는 접는 것이 좋습니다.** 지적부터 하고 보는 사람을 상대할 때 피곤해지는 것은 이번에는 지적받지 않을지도 모른다는 기대감 때문입니다. 스스로 잘한 것 같다고 생각하면서 보고해도 혼이 나니까 풀이 죽는 거예요.

단점 지적은 하려고 마음만 먹으면 얼마든지 할 수 있습니다. 때로는 지적의 수준이 점점 심해져서 억지에 가까운 궤변이 되기도 하지만 반론해 봐야 아무 의미 없습니다. 그러니까 그냥 듣고 있으세요. **상대방이 기계적으로 지적하면 당신도 기계적으로 보고하고, 기계적으로 지적을 '소리로서' 들으면 그만입니다.** 무섭다고 해서 보고를 올리지 않으면 더 크게 혼날 수 있으니까요.

이제부터 이야기를 들을 때 해서는 안 되는 행동을 알려드릴게요.

마음에 없는 말은 굳이 할 필요 없다

상대방의 지적에 대고 마음에도 없는 아첨을 떨어서는 안 됩니다. 억지스럽다고 생각하면서도 "저는 생각지도 못한 부분이에요. 역시 ○○ 씨!" 하고 아양을 부리는 사람이 있습니다. 그렇게 해서라도 상대방과 친해지고 싶겠지만 오히려 역효과입니다.

지적하는 사람은 지적을 통해 자신의 위치를 지키려고 합니다. 자신의 위치가 더 높다는 사실을 확인하기 위한 일종의 주도권 싸움이에요. 거기에 맞춰주면 상대방의 기분이야 좋아지겠지만 결국은 상대방의 행동을 부추기는 것밖에 안 됩니다.

다시 말해 **아부를 떨어 상대방을 추켜세우는 일은 더 많은 지적으로 돌아옵니다.** 물론 당신이 진심으로 참신한 견해라고 생각한다면 말해도 상관없지만요.

반론은 좋은 작전이 아니다

말도 안 되는 트집을 듣다 보면 그 자리에서 반론하고 싶어질 것입니다. 하지만 반론은 그다지 좋은 작전이 아닙니다. **반론해 봐야 상대방이 순순히 받아들이고 물러나는 일은 거의 없거든요.** 애당초 트집은 앞뒤가 맞지 않는 일방적인 지적입니다. 말이 통하지 않는 사람은 반론을 들으면 의미를 알 수 없는 말로 되받아치거나 버럭 화를 낼 뿐입니다.

지적부터 하고 보는 사람을 상대할 때는 기본적으로 **아무 기대 없이 담담히 듣는 것이 좋습니다.** 보통은 담담히 듣는 사이에 진정되지만, 간혹 지적의 수위가 높아져 갑질로 발전하기도 합니다. 그럴 때는 상대방이 한 말을 기록합니다. 대화가 끝나자마자 메모로 남겨도 괜찮습니다.

그리고 회사에서 상사가 집요하게 트집을 잡는다면 그 상사와 직급이 같거나 더 높은 사람에게 상담을 요청합니다. "○월 ○일 △△라는 말을 들었습니다. 너무 힘든데 어떻게 하면 좋을까요" 하는 식으로요. **즉 상대방이 선을 넘을 때는 제삼자를 끌어들여 다른 사람들에게도 상황을 알리는 것이 중요합니다.**

상대가 누구든 수긍할 수 없는
말에는 동의하지 마세요.
정중하게 대응할지언정
복종은 하지 않는다는 정신으로요.

자신의 가치관을
강요하는 사람

✓ 자신의 행동이나 의견과 다르면 무조건 부정한다.
✓ 말버릇은 "○○이라면 △△해야지".

　자신의 가치관을 강요하는 사람은 자각이 없는 경우가 **많습니다.** 자기 나름의 선심에서 조언하는 것이다 보니 불만을 말하기도 힘듭니다. 그렇다고 해서 상대방의 조언을 단칼에 내치면 분위기가 날카로워집니다. 좋은 의도로 하는 말이니만큼 듣는 사람이 불쾌해하면 "기껏 조언해줬더니" 하고 화를 낼 수도 있어요.

　그리고 이 **'조언해줬다는 기분'**은 자신이 남들보다 똑

똑하다는 생각을 전제로 하는 무의식적인 우월감의 표현
입니다. 조언은 원래 남에게서 부탁받았을 때 하는 것인데,
상대방이 멋대로 조언하기 시작하는 것은 이러한 이유 때
문이에요.

그렇다면 자신의 가치관을 강요하는 사람에게는 어
떻게 대처해야 할까요.

그럴듯한 조언만 받아들인다

가장 손쉬운 방법은 "그렇게 생각할 수도 있겠군요"
하고 흘려듣는 것입니다. **상대방의 조언이 아무런 도움이
되지 않는데도 고맙다느니 참고하겠다느니 감사할 필요
없습니다.** 자신의 가치관을 강요하는 사람은 대부분 둔감
하므로 당신이 좋아한다고 착각해서 조언이 더 심해질 수
있습니다.

당신이 인정하지 못하는 의견을 받아들일 필요도 없
습니다. **받아들이면 '자신의 축'이 흔들리니까요.** 스스로
수긍한 대로 행동하지 못하고 다른 사람의 눈치만 보면서
'타인의 축'에 따라 살아가게 됩니다. 그러면 그 사람과의
관계가 갑갑해지고 남의 의견에 끌려다니는 자신이 지긋
지긋해집니다.

물론 좋은 의견은 받아들여야 합니다. 상대방이 하는

조언 모두가 얼토당토않은 것은 아니잖아요. 무슨 일이 있어도 다른 사람의 의견을 받아들이지 않겠답시고 버티면 상대방은 당신 안에 깃든 '악의'와 '적의'를 알아차릴지도 모릅니다. 아무리 독불장군 같은 사람이라도 괜찮은 의견이 있으면 받아들여 보세요. 이건 어디까지나 '자신의 축'에 따른 판단이니까요.

이 두 가지 대책을 조합하면 '조언 중에서 인정하는 것은 받아들이고 인정하지 못하는 것은 흘려듣는 자세'가 상대방에게도 전해질 것입니다. 그러면 자신의 가치관을 강요하는 일이 줄어듭니다. 대신 "내 생각은 이런데" 하고 한껏 부드러워진 말투를 구사하면서 당신의 의견을 존중하기 시작할 것입니다.

상대방을 뿌듯하게 만들지 않는다

애당초 상대방이 자신의 가치관을 강요하는 것은 **당신이 무의식적으로 그 사람에게 일일이 맞춰주고 있었기 때문일지도** 모릅니다. 말도 안 되는 조언에도 "감사합니다", "말씀하신 대로 해 볼게요" 하고 대꾸하지는 않았나요? 그러면 상대방은 당신에게 도움이 되었다는 생각에 자신의 의견을 더 강요하게 됩니다. 당신의 반응이 곧 '보상'인 셈이에요. 인간은 어떤 행동을 했을 때 좋은 결과가 돌아오면 그 행동을 점점 강화하기 마련입니다. 반면 자신의 가치관을 밀어붙여도 다른 사람이 의견을 받아들일지 말지 알 수 없는 상황에서는 '보상'을 얻을 수 없습니다. 그러면 상대방은 꼭 필요할 때만 자신의 의견을 말하게 됩니다.

모든 방법을 동원했는데도 상대방이 자신의 가치관을 계속 강요할 때는 단호하게 거절하세요. 그걸로 상대방이 멀어진다면 오히려 고마운 일입니다.

누가 자신의 가치관을 강요하면
그냥 흘려들으세요.
고민하더라도 남이 아닌
자신의 잣대를 따라야 합니다.

상대방을
구워삶으려는 사람

✓ 머릿속에는 상대방을 잘 구슬려서 자기 뜻대로 움직이려는 생각
  뿐이다.
✓ 관계없는 이야기를 끼워 넣어서 논점을 흐리기도 한다.

이야기의 논점을 슬그머니 벗어나면서 자기 말이 옳
다고 우기는 사람이 있습니다. 이런 사람은 크게 두 가지
타입으로 나눌 수 있습니다.

이런 사람들 때문에 혼자 전전긍긍하지 말자

첫 번째는 '자기 말이 옳다고 생각하지만 알고 보면

논리적이지 않은 타입'입니다. 가장 좋은 방법은 될 수 있으면 대화하지 않는 것입니다. 처음부터 같이 논의할 일을 만들지 않는 거예요. 귀찮다고 해서 상대방의 말에 고개를 끄덕여서는 안 됩니다. **긍정도 부정도 하지 않는 상태**를 목표로 합시다.

어쩔 수 없이 같이 논의해야 한다면 다른 사람을 끌어들이세요. 협상이 필요한 상황일 때는 다른 사람을 소통의 창구로 활용하는 것이 좋습니다. 나 혼자서 맞서는 대신 의견이 비슷한 사람을 끌어들여 '팀'으로 대응하는 방법도 있습니다. 상대방을 자기 뜻대로 구슬리려는 사람은 위세나 감정에 따라 움직이므로 상대편의 인원이 많은 것만으로도 자기 의견을 펼치기 힘들다고 판단해 한풀 꺾이기 마련이거든요.

다음으로는 '일을 유리한 방향으로 끌고 가려고 일부러 논점을 흐리는 타입'입니다. 자기 말이 옳다고 생각하는 사람과 달리, 이 타입은 논점에서 벗어났다는 사실을 스스로 잘 알고 있습니다. 이럴 때는 논점 흐리기가 통하지 않는다는 사실을 알려주면 됩니다.

이런 사람은 말로 의논했을 때 장단점이 무엇인지 잘 알고 있어요. 말로 의논하면 과정이 남지 않으니까 그 자리에서 나온 결론이 전부입니다. 이야기가 엇나가도 지적받지 않는다는 사실을 알기에 논점을 흐리는 거예요.

대화는 서면으로 간결하게

이럴 때는 **말이 아니라 서면으로 이야기**하면 됩니다. 메일이나 메신저처럼 이야기의 흐름이 눈에 보이는 형태로 남는 수단을 이용하는 거예요. 서면으로 이야기하면 말의 장점이 사라져서 논점을 피하기도 힘들어집니다.

더 나아가 **처음부터 요점을 항목별로 적어 두는 것**도 좋습니다. 대화로 논점을 흐리는 사람은 자신에게 불리한 말은 못 들은 척하는 일이 많습니다. 항목마다 번호를 달아서 적어 두면 "2번 항목에 대해서는 어떻게 생각하세요?" 하고 콕 집어서 물어볼 수 있으므로 상대방이 도망치기 힘들어집니다.

상대방을 배려한답시고 빙 돌려서 쓰는 것은 추천하지 않습니다. 상대방의 일정을 걱정하는 마음에 "시간 나실 때 처리해 주세요"라고 하기보다는 "사흘 뒤 오전 11시까지 부탁합니다"라고 하는 쪽이 좋습니다. 이해하기 힘든 문장을 구사하면 상대방은 '못 알아들은 척'을 할 수 있거든요. **간결한 문장을 쓰려고 노력**합시다.

가능하다면 처음부터 서면으로 대화하는 것이 좋지만 이미 대화가 시작되었다면 "이야기를 정리하기 힘드니까 여기서부터는 메신저로 논의하면 어떨까요?" 하고 잠시 끊어 가는 것도 방법입니다.

그리고 상대방이 '자신이 옳다고 생각하는 사람'인지 '일부러 논점을 흐리는 사람'인지 아리송하다면 두 가지 대책 모두 사용해 봅시다. 다른 사람을 끌어들이고 가능한 한 서면으로 대화하는 것입니다. 둘 중 하나는 먹히지 않을까요.

상대방에게 말려들지 않으려면
지금 내가 할 수 있는 일부터 시작해 봅시다.
우선 서면으로 증거를 남기는 것부터.

고집이 센 사람

✔ 다 같이 의논해서 내린 결론에 만족하지 못하고 자신의 의견을 밀어붙인다.

✔ 이야기를 끝내려면 내가 굽히는 수밖에 없다.

지금까지 살펴본 것처럼 인간은 행동 패턴을 '학습'하는 생물입니다. 즉 '피곤한 사람'은 타고난 성격 문제라기보다 학습의 결과물인 셈입니다. 이때 학습이란 어떻게 행동하면 더 나은 결과를 얻을 수 있는지 경험을 통해 알아나가는 것을 가리킵니다.

고집이 센 사람은 '고집을 부리면 더 나은 결과를 얻

는다는 사실'을 학습했습니다. 돌이켜 보세요. 이런 사람을 상대할 때마다 결국에는 당신이 굽히고 들어가지 않았나요? 그 과정에서 자신이 한 발짝도 물러서지 않으면 결국 다른 사람이 양보한다는 사실을 익힌 것입니다.

고집 센 사람을 상대하는 것이 피곤하다면 **한 발짝도 물러서지 않았을 때 나쁜 결과를 얻게끔 만들면 됩니다.** 구체적인 방법은 다음과 같습니다.

이야기를 쫓기듯이 매듭짓지 말 것

우선 "이번 이야기는 없었던 일로 하죠", "다른 분께 **맡기겠습니다**" 하고 논의 자체를 철회하는 방법이 있습니다. 다만 '상대방에게도 구미가 당기는 이야기이나 조건 면에서 타협되지 않는 상황'일 때만 사용할 수 있는 방법이라 늘 통하지는 않습니다. 상대방이 '내가 물러서지 않으면 저쪽에서 양보하겠지'라고 생각한다 한들 고집이 통하지 않으면 협상 테이블 앞에 앉을 수밖에 없습니다.

일 처리가 빠른 사람은 일을 얼른 끝내고 싶은 마음에 협상을 유리하게 끌고 가지 못하기도 합니다. 한시가 급한 일이라면 어쩔 수 없지만 **서둘러 눈앞에서 치워 버리고 싶을 뿐이라면 지긋이 버티는 것도 중요합니다.** 상대방이 초조한 기색으로 '그 일은 어떻게 되었나요?' 하고 연락하기 시작하면 끝입니다. '조건이 맞지 않아서 보류 중입니다' 하고 여유 있게 답장하면 상대방이 먼저 굽히고 들어올 것입니다. 기다리세요. 위수 강변에서 낚시하고 있다가 문왕을 만난 강태공처럼.

최후의 수단은 조건 재검토

논의를 철회하거나 묵묵히 기다리는 방법이 통하지 않고, 안건 자체도 상대방에게 있어 구미가 당길 만한 것이 아니라면 조건을 재검토할 필요가 있습니다.

하지만 상대방이 굽히지 않는다는 이유로 조건을 재검토하는 것은 내가 굽히고 들어가는 것과 다를 바 없습니다. 이번 협상은 포기하고 다음번에 비슷한 논의를 할 때 재검토한 조건을 제시하는 것이 좋습니다.

즉 '당신이 굽히지 않아서 물러서는 것이 아니라 찬찬히 생각하고 내린 결론'이라는 의사를 표시하는 거예요. 조건을 재검토할 때도 '자신의 축'을 따르는 것이 중요합니다. 당신이 그럴 필요 없다고 생각한다면 재검토하지 않아도 됩니다. 그야말로 불꽃 튀는 공방전이네요.

상대방의 '절대 양보하고 싶지 않은 부분'

이번에는 조금 다른 관점에서 접근해 상대방의 의견

을 묻는 방법을 소개할게요.

본격적으로 '협상 모드'에 들어가면 상대방의 경계심은 커지고 고집도 세집니다. 이럴 때는 "○○ 씨는 **어떻게 하고 싶으세요?**", "**이 조건에 대해 어떻게 생각하세요?**" 하고 **물어보고 상대방이 마음껏 이야기하게 합니다.** 자신의 이야기를 잘 들어준다는 생각에 상대방의 마음이 풀어질 것입니다. 그런 다음 "의견 주신 것을 반영해서 이러이러하게 합시다" 하고 제안하는 거예요. 고집 센 사람은 타인이 자신에게 갖는 부정적인 감정에 민감합니다. 상대방의 진심에 귀 기울이려는 마음가짐이 전해지면 협상도 수월하게 흘러갈 거예요.

고집을 부려도 나은 결과를
얻을 수 없다는 사실을 보여줘야 합니다.

사사건건
말꼬리를 잡는 사람

✓ 다른 사람의 말실수를 집어내는 것이 삶의 낙?

✓ 자존심이 센 편이라 자신이 말꼬리를 잡히는 것은 싫어한다.

　사사건건 말꼬리를 잡는 사람은 '말실수 발견!' 하는 가벼운 마음으로 천진난만하게 지적하는 경우가 많습니다. 어쩌면 말실수를 지적해서 사람들을 웃기면 분위기가 좋아진다고 착각하고 있는지도 모릅니다. 이러한 상황을 모두 고려하면서 대책을 세워봅시다.

"그 지적, 재미없거든?" 하고 명확히 말한다

말꼬리를 잡는 사람은 상대방이 싫어한다는 사실 자체를 이해하지 못합니다. 생글생글 웃으면서 "겨우 그런 일로 화내는 사람 아니잖아요?" 하고 얼버무리면 아무 문제 없다고 생각하거든요. 그러니까 빙 돌려서 말해 봐야 알아듣지 못합니다. **간결하고 명확하게 경고하는 것이 좋**습니다.

어린아이를 가르칠 때를 떠올려 보세요. 아이가 상처 입을까 봐 "그렇게 하면 안 돼요"라고 부드럽게 주의하면 귓등으로도 듣지 않습니다. 반대로 단호한 말투로 알기 쉽게 주의하면 잠깐 풀이 죽기는 해도 제대로 이해합니다.

싫다는 의사를 명확히 전하고 화기애애한 분위기에 찬물을 확 끼얹는 것이 중요합니다. 그렇게 하면 상대방은 말꼬리 잡기를 포기할 거예요. 다만 몇 날 며칠을 툴툴거리면서 질질 끄는 것은 좋지 않습니다. 자신의 의사를 명확히 밝히고 나면 상대방도 당신이 정말 화가 났다는 사실을 알아차릴 거예요. 이러한 사람은 뭐든 금방 잊어버리는 편이라서 언제 그랬냐는 듯이 다시 말꼬리를 잡기 시작한다는 게 문제지만요. 끈기 있게 몇 번이고 말해 봅시다.

가장 좋은 방법은 '무반응'

상대방이 말꼬리를 잡으면 못 들은 척 반응하지 않는 방법도 있습니다. 이때 '**반응하지 않는 것**'은 상대방의 존재 자체를 무시하는 것이 아니라 말꼬리를 잡는 행위만 모르는 척하는 것입니다.

툭하면 말꼬리를 잡는 이유 중에는 분위기를 파악하지 못하는 것도 있으므로 조금만 맞장구를 쳐 줘도 자기 이야기가 먹힌다고 착각합니다. 맞장구를 칠 때마다 상대방에게 '보상'을 주는 셈이니까 무시하지 말라는 말을 들어도 꿋꿋이 무반응을 유지해야 합니다.

한편 **말꼬리를 잡지 말라고 대놓고 말하는 것은 피해야 합니다.** 대놓고 말하면 상대방은 "말꼬리 잡는 거 아닌데?" 하고 뻗댈 거예요. "당신이 하는 말은 말꼬리 잡기입니다"라고 말하는 것은 일종의 '너 전달법'이기 때문입니다. 상대방을 '규정'하는 너 전달법을 남용하면 관계가 틀어지기 쉽습니다. 상대방의 말과 행동을 당신이 어떻게 받아들이는지 '나 전달법'으로 알리는 것이 좋습니다.

알고 보면 말꼬리를 잡는 사람에게 악의는 없습니다. 저 역시 종종 남의 말꼬리를 잡아서 잘 알아요. 분위기에 휩쓸려서 상대방이 어떻게 느낄지 고민하지 않고 내뱉는 거예요. 재미있는 이야깃거리 없나 생각하다가 상대방의 말실수를 발견해서 나도 모르게 말꼬리를 잡고 늘어지는 경우가 많답니다. 물론 말꼬리를 잡는 것이 잘했다는 말은 아니지만, **상대방에게 나쁜 의도는 없다**는 사실을 아는 것만으로도 스트레스가 조금은 줄어들지 않을까요?

악의를 담아 투덜거리거나 비꼬는 사람은 말실수를 일일이 지적하지 않아요. 그 정도 지적은 상대방에게 큰 타격을 주지 못하거든요. 남의 말꼬리를 잡는 사람은 눈치가 없는 타입이 대부분이랍니다. 따라서 하루이틀 사이에 바뀌지는 않겠지만 끈기를 갖고 대응하면 서서히 나아질 거예요. 나아질 때까지 기다릴 만한 사이가 아니라면 거리를 둬도 좋고요.

남의 말꼬리를 잡는 사람은
알고 보면 단순하답니다.
어른스러운 태도로
침착하게 대응하면 나아질 거예요.

남의 이야기를
끊는 사람

✓ 남이 이야기하고 있는데 전혀 관계없는 이야기를 들이민다.
✓ 말버릇은 "결론은 ○○인 거잖아?"와 "결국 ○○한다는 거네".

조심한답시고 조심하지만 사실 저 역시 남의 이야기를 끊을 때가 많습니다. 그래서 이번에는 스스로에 대한 반성을 담아서 써 보려고 합니다.

남의 말을 끊는 사람은 다음과 같은 특징이 있습니다.

자기 이야기를 할 생각에 조바심이 나는 사람

말하고 싶은 생각을 참기 힘들고 성질이 급합니다. 무

언가를 하고 싶은 충동에 휩싸이면 참지 못하고 행동에 옮깁니다. 정신 의학적으로 표현하자면 '충동성이 높은 사람'입니다.

얼른 자기 이야기를 하고 싶어서 안달이 나 있다 보니 다른 사람의 이야기를 듣는 시간은 '기다려' 상태나 마찬가지입니다. 때로는 도저히 참을 수 없어서 다른 사람의 이야기가 채 끝나지 않았는데도 자기 이야기를 늘어놓습니다.

이유는? 문득 떠올라서. '지금 이 이야기를 해야 하는데' 하는 생각이 들면 잊기 전에 말하고 싶어서 남의 말을 끊습니다. 다른 사람의 이야기를 서둘러 정리하는 것도 충동 때문입니다. 자기도 모르는 사이 버릇처럼 나올 때도 있고, 이야기를 방해하면 안 된다는 사실을 알면서 저지를 때도 있습니다.

그리고 이러한 사람은 주의가 산만한 편이라 남의 이야기를 듣는 동안 다른 일을 생각하고는 합니다. 당신의 이야기가 지루해서가 아니라 원래 수많은 생각이 머릿속을 둥둥 떠다니는 성질인 거예요.

행동만 보면 남의 이야기에 관심이 없는 것 같지만 꼭 그렇지도 않습니다. 미적지근한 반응에 실망한 상대방이 이야기를 대충 마무리 지으려고 하면 뒷이야기가 궁금하다며 매달리기도 하거든요.

악의가 없더라도 지적은 필요하다

남의 이야기를 끊는 사람의 특징을 알아봤으니 이제 대책을 생각해 볼까요.

상대방에게 악의는 없을 거예요. 만약 악의를 품고 당신의 이야기에 훼방을 놓을 생각이라면 논리로 깔아뭉개거나 이야기가 재미없다며 비난하는 등 완전히 다른 방향으로 나올 것입니다. 남의 이야기를 도중에 끊어 봐야 자신의 평판만 나빠질 뿐이므로 일부러 하는 경우는 드뭅니다.

그러니까 **"아직 저 이야기하고 있어요"라고 지적해도 괜찮습니다.** 상대방은 또 실수했다는 생각에 스스로 반성할 것입니다. 사이는 약간 서먹해질지도 모르지만 남의 말을 끊는 빈도는 한결 줄어들 거예요.

이야기할 마음이 사라졌다면 중간에 그만둬도 괜찮습니다. 침묵은 분노와 불만을 표현하는 수단입니다. 이때도 침묵에 숨은 의미를 파악한 상대방이 먼저 사과할 가능성이 큽니다.

이러한 '남의 이야기를 끊는 사람'의 특징은 당사자의 기질 문제인 경우가 많습니다. 슬슬 느낌이 온 사람도 있겠지만 '성급함, 높은 충동성, 주의력 부족'은 신경발달장애의 일종인 ADHD주의력결핍 과다행동장애의 특징입니다. 실제로 ADHD로 내원하는 환자 중에는 나쁜 뜻은 없는데 자기도 모르는 사이 남의 말을 자꾸 끊어서 인간관계가 나빠졌다는 사례가 많습니다. 백이면 백 그렇다는 것은 아니지만, 남의 이야기를 중간에 끊는 사람 중에는 ADHD인 사람이 있을지도 모른답니다.

당사자의 기질 문제라면 지적하더라도 금방 고쳐지지 않을 것입니다. 하지만 명확하고 알기 쉽게 지적하면 스스로 기질을 고치기로 마음먹는 계기는 될지도 모릅니다. 따라서 남의 이야기를 자꾸 끊고 있다는 사실을 알리는 것은 중요합니다. **지적은 하되 부정적인 감정을 쏟아붓지는 마세요.** 멀리 내다보고 서서히 나아지기를 기다려 주자고요.

참을성이 없는 사람에게는 지적도 필요합니다.
다만 나아지는 데 시간이 걸릴 테니
따뜻한 눈으로 지켜봐 주세요.

말이 통하지
않는 사람

✓ 의견이 맞지 않으면 남의 말을 전혀 듣지 않는다.
✓ 말버릇은 "됐다, 됐어"와 "뭘 알아야 말을 하지".

말이 통하지 않는다는 증거를 남긴다

말이 통하지 않는 사람에게 대처하는 방법은 결국 하나의 길로 통합니다. 바로 '논의하지 않는 것'. 남의 말을 들을 마음이 없는 사람에게는 어떤 수를 써도 통하지 않거든요.

이것이 바로 민주주의의 딜레마입니다. 다양한 사람의 의견을 수용해서 결정하려고 해도 한 사람이 폭주하면 배가 산으로 갑니다. 전체와 개인이 균형을 이루지 못하면 한 사람이 독단적으로 일을 끌고 나가거나, 아무것도 정하지 못합니다. 어느 쪽으로 흘러가든 나중에 다툼으로 번지지 않도록 **상대방의 이야기를 들어주려고 노력했지만 받아들여지지 않았다는 사실을 뒷받침할 수 있는 증거를 확보해 둡시다.**

회의라면 회의록을 적습니다. 일의 진행 상황을 메모하거나 그때그때 상사에게 보고하는 것도 좋습니다. 이야기를 나눌 때도 구두로 논의하기보다 메신저, 메일, 편지처럼 논의 내용이 문자로 남는 방식을 활용합니다.

얼굴을 마주하고 이야기할 때는 억지만 부리던 사람도 서면으로 이야기를 나누면 점잖아지는 법입니다. 앞뒤가 맞지 않으면 문장으로 풀어내기 힘들거든요. 그리고 나중에 문제가 생겼을 때 말했다느니 안 했다느니 하는 갈등이 일어나는 것도 막을 수 있습니다.

제삼자를 사이에 두고 이야기하는 것도 효과적입니다. 제삼자가 있는 자리에서는 억지를 부리기 힘들거든요. 상대방이 귀를 틀어막고 자기 이야기만 하는 것은 당신이라면 말로 구워삶을 수 있다고 판단했기 때문일지도 모릅니다. 그래서 제삼자의 힘을 빌리기를 추천하는 거예요. 이때 제삼자로는 전문 지식을 갖춘 사람, 나이가 많거나 지위가 높은 사람, 둘 중 누구의 편도 아닌 사람이 좋습니다.

의견을 들어주니까 불만을 말한다

상대방이 고집불통이라는 사실을 알았다면 눈에는 눈 이에는 이 전략도 고려해 봅시다. 당신도 상대방의 이야기를 들어주지 않는 것입니다. 세상에는 들어주니까 나오는 불만도 있거든요. 하나부터 열까지 만족스러운데도 더 제안하고 싶은 건 없냐는 질문에 불만이 떠오르기도 합니다. 그건 진짜 불만이라고 할 수 없어요.

고집불통인 사람에게 잔소리와 불만을 만들어내는 일쯤은 식은 죽 먹기입니다. 그러다 보니 논의가 좀처럼 정리되지 않습니다. 민주적인 결정도 좋지만 **내가 결정권을 쥐고 있는 사안이나 한시가 급한 사안은 다른 사람의 의견을 묻지 않고 결정하는 것도 하나의 방법**입니다.

그래도 민주적으로 진행하고 싶다면 설문 조사는 어떨까요. 사람들의 의견을 개별적으로 모아서 결정하는 방법이에요. 설문 조사는 시간에 구애받지 않고 자신의 의견을 마음껏 풀어낼 수 있습니다. 불만을 쏟아낼 자리가 있고, 누군가 내 의견을 알아준다는 사실에 상대방의 기분도 풀릴 것입니다. 미리 "취합한 응답을 기반으로 (제가) 결정하겠습니다"라고 밝혀 두면 구성원의 의견을 일일이 들어주지 않아도 된답니다.

익명으로 불만을 받은 다음 답변을 달아서 공개적인 장소에 내거는 방법도 있습니다. 건의함에 들어온 내용을 게시판에 내붙이는 식으로요. 개개인의 폭주를 막을 수 있으면서 민주적인 방법이랍니다.

이처럼 말이 통하지 않는 사람은 개인적으로 대응할 것이 아니라 주변부터 차근차근 공략해 나가야 합니다. 고집불통인 사람을 대할 때 짜증이 나는 것은 이해하지만, 타인을 바꾸기는 힘드니까 다른 별에 사는 사람이라 생각하고 침착하게 대응하는 것이 정신 건강에 좋지 않을까요.

말이 안 통하는 사람과는 말하지 않아도 됩니다.
하지만 그전에 여러 가지 방법을 써 볼 수 있어요.

위로 대신
조언만 하는 사람

✔ 모든 대화가 '상담'으로 흘러간다.
✔ 말버릇은 "전부 너 생각해서 하는 말이야".

　흔히 있는 일이지요. 하지만 상대방이 꼭 자신의 지식과 우위를 뽐내고 있다고는 단정할 수 없습니다. 이러한 상황은 주로 커뮤니케이션의 오류로 인해 일어나거든요.
　'그저 내 이야기를 들어줬으면' 하는 당신의 의도가 상대방에게 전해지지 않았을 가능성이 크다는 뜻입니다. 대화를 시작할 때마다 자신의 이야기를 들어주기만 하면 된다고 언질을 주지는 않잖아요. 혹시 "상담할 게 있는데요" 혹은 "고민이 있는데요" 하는 말로 운을 떼지는 않았나요? 그러면 상대방이 조언해야겠다고 생각하는 것도 이상한 일이 아니랍니다.

이번에는 커뮤니케이션의 오류를 바로잡는 방법을 생각해 볼게요.

이야기 상대를 신중하게 고르기

당신은 예상치 못한 조언에 짜증이 나겠지만, 상대방으로서는 기껏 조언했더니 듣는 둥 마는 둥 하는 당신의 모습에 서운함을 느꼈을지도 모릅니다.

반면 당신과 죽이 잘 맞는 사람은 뉘앙스만으로도 대화의 목적을 알아차릴 것입니다. 따라서 **평소 활발하게 교류하던 사람에게 이야기하는 것이 좋습니다.** 가장 빠르고 확실한 방법이에요.

무엇을 원하는지 말로 표현하기

"조언이 필요한 건 아니고 잠깐 내 이야기만 들어줄 수 있을까?" 하는 식으로 원하는 것을 명확히 밝히면서 대화를 시작해 보면 어떨까요?

물론 상대방의 시간을 빼앗는 일인 만큼 다짜고짜 이야기를 들어달라고 말하기는 힘들 것입니다. 그럴 때는

"바쁘지 않으면 5분만 들어 줘" 하고 분명한 숫자를 제시해서 상대방이 미리 계산할 수 있도록 하면 됩니다. 이렇게까지 해도 조언이 그치지 않을 수 있습니다. 하지만 이야기를 들어달라는 당신의 부탁을 받아줬으니까 조금은 너그럽게 봐주세요.

어쩌면 당신은 '구하지도 않은 조언을 듣는 상황'보다 상대방의 '말투와 태도'가 마음에 들지 않는 건 아닌가요? 구하지도 않은 조언을 들었다고 해서 매번 불쾌하게 느끼는 건 아니잖아요. 조언으로 그치지 않고 자신은 비슷한 상황을 어떻게 극복했다느니 하는 자기 자랑을 늘어놓습니다. 당신이 잘못했다는 식으로 인격을 모욕하는 표현을 사용합니다. 그러한 말투와 태도가 불쾌한 걸지도 모릅니다. 그렇다면 상대방의 이야기를 한시라도 빨리 끊는 것이 좋습니다. 다시는 그 사람에게 상담을 요청하지 마세요.

이야기를 끊을 때도 요령이 있습니다. 우선 이야기를 너무 어색하게 끊으면 상대방이 꽁하니 마음에 담아둘 수 있으므로 **감사 인사를 해야 합니다.** 그리고 갑자기 도망치는 것처럼 보이지 않도록 **서론을 덧붙입니다.** 상대방이 한 말을 정리해서 되풀이하면 됩니다. "○○해 보면 좋겠다는 말씀이시죠? 당장 해 볼게요. 감사합니다." 이런 식으로 상대방의 말을 끊고 그 자리를 떠납니다. 이야기를 자연스럽게 끝내면서 나 역시 스트레스를 받지 않는 방법입니다.

<u>나 잘되라고 하는 이야기도</u>
<u>당신이 받아들일 수 없다면 중간에 끊으세요.</u>

남을 깔보듯이
말하는 사람

✔ 자기 자랑을 자주 하고 다른 사람을 내려다보듯이 말한다.
✔ 같이 있다 보면 내가 '모자란 사람'처럼 느껴진다.

늘 다른 사람을 내려다보면서 말하는 사람은 그 사실을 자각하지 못하는 경우가 많습니다. 자각하지 못하기에 내려다볼 수 있거든요. 남을 업신여기는 듯한 언행은 누가 봐도 잘못된 거잖아요. 만약 스스로 남을 업신여기고 있다는 사실을 알아차리면 쥐구멍이라도 찾고 싶을 정도로 부끄러워질 거예요.

그런데도 남을 깔보는 듯한 말과 행동이 나오는 것은

인정 욕구(타인에게서 자신의 존재 가치를 인정받으려는 욕구)가 강하기 때문입니다. 그리고 남에게서 인정받고 싶은 것은 자신감이 부족하기 때문이고요. 자기 자신을 긍정하지 못하고 '남들 눈에 어떻게 보이는지'가 중요한 '타인의 축을 따라 살아가는 사람'인 거예요.

그렇게 생각하면 남을 깔보듯이 말하는 사람도 조금은 가엾어 보입니다. 자기 자신을 긍정할 줄 알고 나답게 자신의 축을 따라 살아갈 수 있는 사람은 다른 사람을 업신여길 필요가 없으니까요.

'깔보는 듯한 말투'에 짜증이 나는 이유

그렇다면 당신은 왜 남을 깔보듯이 말하는 사람에게서 짜증을 느끼나요?

자신의 부족한 면을 들추는 것 같아서라면 당신도 '남을 깔보듯이 말하는 사람'과 비슷한 문제를 안고 있다고 볼 수 있어요. 자기 자신을 긍정하지 못하고 타인의 축을 따라 살아가는 문제 말이에요. 그렇기에 나를 내려다보는 듯한 말이 신경 쓰이고 충격을 받습니다. 자기 자신을 긍정할 줄 알고 자신의 축을 따라 살아가고 있다면 비아냥거리는 말을 들어도 아무렇지도 않을 거예요.

하지만 안심하세요. 당신이 타인의 축에 가까워져 있

다고 해서 꼭 여기에서 이야기하는 남을 깔보듯이 말하는 사람이라고 단정할 수는 없거든요. 자존감이 낮은 사람의 행동은 그 스펙트럼이 넓습니다. 다른 사람을 깔보거나 자신의 실적을 과시하는 방식으로 해결하려는 사람이 있는가 하면 자신을 억누르며 끙끙 앓는 사람도 있습니다. 명심할 것은 **상대방도 (어쩌면 당신도) 자기 자신을 긍정하지 못하는 문제로 고민하고 있을지도 모른다**는 사실입니다. 남을 깔보는 듯한 말투에도 이유가 있다는 사실을 이해하고 나면 그런 사람을 대할 때 느끼는 짜증도 조금은 줄어들지 않을까요.

상대방의 수준에 맞추지 말고 거리를 둘 것

왜 같은 문제를 안고 있는데 서로 다른 행동으로 표출될까요? 인간의 심리적 메커니즘인 '방어기제'에서 그 답을 찾을 수 있습니다. 인간은 현실을 있는 그대로 받아들이기 괴로울 때가 있습니다. 이 괴로움이 곧 '갈등'입니다. 갈등을 적절하게 처리하기 위해 자신의 감정을 가공하는 것을 정신 분석학 용어로 '방어기제'라고 합니다.

이솝 우화 중《여우와 신 포도》가 대표적인 예시입니다. 포도를 먹고 싶은데 손이 닿지 않으니까 여우는 '저 포도는 시고 맛없을 거야'라고 생각합니다. 생각하기로 했다는 표현이 더 정확할 것입니다. 실제로 그럴지 아닐지는 모르지만 시다고 해 두면 먹고 싶은데 손이 닿지 않는다는 여우의 갈등은 봉합되니까요. 이는 방어기제 중에서도 자신의 감정을 부인하는 '부정'에 해당합니다.

방어기제는 아이들이 사용할 법한 단순한 것부터 복잡한 것까지 다양한데, 보다 수준 높은 방어기제가 바람직하다고 여겨집니다. 예를 들어 고통과 분노를 스포츠나 예술이라는 형태로 발산하는 것은 가장 수준 높은 방어기제인 '승화'입니다. 남을 깔보듯이 말하는 사람은 상대방을 업신여기는 방식으로 자신의 갈등을 처리하고 있지만, 두말할 것도 없이 썩 수준 높은 방어기제는 아닙니다.

그러니까 굳이 상대방과 똑같은 방어기제를 사용할 필요가 없습니다. **상대방이 하는 말은 한 귀로 흘리고 내가 좋아하는 것, 내가 하고 싶은 일에 집중하세요.** 물론 가능한 한 얽히지 않는 것이 제일이지만요.

남을 깔보듯이 말하는 사람은
인정 욕구가 강합니다.
가까이하면 물들 수 있으니까
적당한 거리를 유지하자고요.

SNS에서 악플을 다는 사람

- ✓ SNS에 올린 글을 집요하게 물고 늘어진다.
- ✓ 직접 만나서는 아무 말도 못 한다.

신경 쓰지 않고 무시하는 것이 최선

저도 SNS를 적극적으로 활용하고 있다 보니 악플로 스트레스를 받는 마음은 이해합니다. 하지만 **가장 좋은 방법은 '신경 쓰지 않는 것'**입니다. 악플이 신경 쓰이는 것은 내버려둬도 될지, 내 평판이 나빠지지는 않을지, 논란에 휩싸이지는 않을지 불안하기 때문입니다.

이는 뜬소문이나 뒷말과 비슷합니다. 나에 대한 뒷말

이 귀에 들어오면 이대로 놔둬도 되나 불안해지지만, 알고 보면 모든 사람이 뜬소문이나 뒷말을 진지하게 받아들이는 건 아니랍니다. 그런 사람은 이쪽에서 먼저 거리를 둬야 해요. 당신 주변에 있는 믿음직스러운 사람들은 그런 유언비어에 혹하지 않고 뒤에서 떠들어 대는 사람을 경계하기 마련입니다.

그러니까 실제로는 별 영향이 없어요. 게다가 뒷말은 신선도가 금방 떨어져서 가만히 내버려두면 어느샌가 다들 잊어버린답니다. 그 자리에 다른 누군가의 새로운 소문이 흘러들어올 뿐이에요.

SNS도 마찬가지입니다. 오히려 뒷말보다 신선도가 더 빨리 떨어집니다. 부정적인 반응도 그다지 멀리 퍼지지 않습니다. 좁은 커뮤니티 안에서 소문이 생기면 그 주인공이 누군지 구성원 모두가 압니다. 하지만 SNS는 불특정 다수가 참여하는 커뮤니티다 보니 소문이 생겨도 그 주인공을 아는 사람은 적습니다. SNS에서 시작된 소문이 여기저기 번지다 말고 금방 사그라드는 것은 그 때문입니다. 소문의 주인공이 누구나 알 만큼 유명한 사람이라면 이야기가 달라지지만, 대단한 논란을 일으키지 않은 이상 소문은 그리 오래가지 않습니다.

그러니까 SNS에 이상한 댓글이 달려도 너무 고민하

지 말고 무시하세요. 도저히 무시할 수 없다면 **가차 없이 차단하거나 뮤트**하면 됩니다. '차단했다가 원한을 사면 어쩌지' 걱정되겠지만, 원한을 가지더라도 그 사람이 할 수 있는 일은 아무것도 없습니다. 원한을 갖고 있다는 사실조차 내 눈에 들어오지 않을 테니까요. 차단이나 뮤트를 할지 말지 고민될 정도라면 그냥 저질러 버리세요.

악플을 그냥 흘려보낼 수 없는 것은 무시하는 일에 익숙해지지 않았기 때문입니다. 무시하더라도, 차단이나 뮤트를 하더라도 아무 일도 없다는 사실을 체감하고 나면 다음부터는 망설임 없이 무시할 수 있습니다. 괜찮아요. 악플은 당당하게 무시해 버리세요.

SNS보다 입소문

저 역시 인터넷상의 평가 때문에 머리를 싸매던 시기가 있었습니다. 개인병원을 연 지 얼마 되지 않아 부정적인 후기가 올라온 거예요. 후기 중에는 아무런 근거 없는 억지도 있었고, 나름대로 사정이 있는 것도 있었습니다. 환자가 의료법상 부적절한 처치를 요구하는 식으로 말이에요. 아무리 환자가 원하더라도 의료행위로서 할 수 없는 일도 있거든요. 정중하게 설명하고 이해를 구해도 환자의 의사를 무시했다며 부정적인 후기를 쓰는 분이 있었습니다.

처음에는 부정적인 후기로 인해 환자가 줄면 어쩌나 고민했지만, 얼마 지나지 않아 고민할 가치가 없다는 사실을 깨달았습니다. 진지하게 치료에 임하다 보면 나를 알아주는 사람이 생길 테니까요. 그리고 그들의 생생한 입소문을 듣고 더 많은 사람이 찾아오는 것입니다. **인터넷상의 평가가 전혀 영향력이 없다고는 할 수 없지만 입에서 입으로 전해지는 소문은 뛰어넘지 못합니다.** 그 사실을 깨닫자 인터넷상의 평가가 거슬리지 않게 되었고 병원 후기에 매달리는 일도 사라졌습니다.

처음에는 스트레스도 많이 받겠지만 근거 없는 악플은 가차 없이 무시하세요. 악플 몇 개 달린다고 삶이 바뀌지 않는다는 사실을 깨닫고 나면 전혀 신경 쓰이지 않는답니다. 안심하세요.

근거 없는 비난은 깡그리 무시하세요.
처음에는 쉽지 않겠지만요.
어느샌가 무시하는 일에도 익숙해질 거예요.

자기 마음을
알아주기만 기다리는 사람

✓ 말하고 싶은 게 있으면서도 입을 꾹 다문다.
✓ 하지만 아무도 알아주지 않으면 짜증 낸다.

자기 마음을 알아달라는 듯이 행동하는 사람은 아무런 전조 증상 없이 갑자기 토라져서 다른 사람을 놀라게 합니다. 이유를 알려주기라도 하면 양반이지 "그냥"이라고 말하면 어떻게 대처해야 좋을지 난감해집니다.

이러한 사람은 굳이 수고를 들여 의견을 표현하지 않아도 주변에서 자신을 배려해 준다는 사실을 '학습'했습니다. 그러니까 자기 마음을 알아주기만 기다릴 수 있는 거

예요.

왜 그러냐고 물어볼 필요 없다

자기 마음을 알아주기만 기다리는 사람을 대할 때는 그 사람의 전략에 넘어가면 안 됩니다. **눈치 볼 필요도, 왜 그러냐고 물어볼 필요도 없어요.** 상대방이 먼저 말하지 않는 한 없는 의견 취급하는 거예요. 무시당했다는 생각에 토라지더라도 당신이 알 바 아닙니다. 이러한 원칙을 철저히 지키면 말하지 않은 의견은 반영되지 않는다는 사실을 알아차릴 것입니다. 그렇게 되면 남이 알아주기만 기다리는 자기 자신을 바꾸는 수밖에 없습니다.

사적인 사이라면 자기 마음을 알아줄 사람을 찾아 떠날 것입니다. 일로 만난 사이라면 '자신의 의견을 전하고 싶을 때는 말로 표현해야 한다는 사실'을 학습할 테고요. 바뀌지 않더라도 손해를 보는 것은 결국 상대방이니 당신이 신경 쓸 필요 없습니다. 뒤에서 투덜거리는 것쯤은 무시하세요. 역시나 '자기 마음을 알아달라며' 발버둥 치고 있는 것뿐이니까요.

너무 매정한가요? 하지만 남이 자기 마음을 알아주기만 기다리면서 아무 말도 하지 않는 것은 그 사람에게도 좋지 않습니다. 이러한 태도를 고치지 않으면 주변 사람이 하나둘 떠나가고 정작 자신의 의견을 말하려고 할 때는 들어줄 사람이 남아 있지 않을 것입니다. 서로를 위해서라도 '아무 말 하지 않아도 내 뜻대로 움직이는 환경'을 만들지 않아야 합니다.

의견을 내놓기 쉬운 환경 만들기

말로 표현하지 않은 의견을 알아줄 필요는 없어도 **누구나 자신의 의견을 내놓기 쉬운 환경을 만드는 것은 중요**합니다.

조금 다른 상황이긴 하지만 사례를 하나 들게요. 진찰하다 보면 환자분이 속에 품은 생각을 좀처럼 말하지 못할 때가 있습니다. 한정된 진찰 시간 때문에 섣불리 입을 열지 못하는 것이겠지요. 그래서 진찰이 마무리될 때쯤 "진찰은 이걸로 끝인데 혹시 더 하고 싶은 말씀 있나요?" 하고 물어보고 있습니다. 딱히 말하고 싶은 것이 없더라도 이야기를 들어 주려는 자세가 전해지면 마음의 문이 열립니다. 그러면 굳이 자기 마음을 알아달라는 것처럼 행동할 필요 없이 자신의 의견을 말할 수 있게 됩니다.

한편 자기 마음을 알아주기만 기다리는 사람이 짜증난다는 이유로 **나도 모르는 사이 '위압적이고 말을 걸기 힘든 사람'이 되지는 않았는지 돌이켜 봅시다.** 미간을 찌푸

린 채 심드렁한 표정을 짓고 있으면 누구든 다가오기 힘들 거예요. 그런 사람이 되지 않으려면 평소 의식적으로 다른 사람의 의견을 듣는 것이 좋습니다. 앞서 이야기한 진찰실 사례처럼 "혹시 더 하고 싶은 말이 있나요?" 하고 덧붙이는 것은 당장이라도 적용할 수 있는 방법입니다.

자기 마음을 알아주기를 바라는 듯한 행동에 반응하지 않고, 누구나 자신의 의견을 내놓기 쉬운 환경을 만듭니다. 이것만 명심해도 말없이 꿍하니 있는 사람을 대할 때 받는 스트레스는 줄어들고 원만한 관계를 유지할 수 있답니다.

자기 마음을 알아주기만 기다리는 사람은
말하기도 전에 이해해 주는 당신의 마음씨가
만들어낸 걸지도 몰라요.

제4장

친구
사이에서
있는 일

어쩌다 보니 뒷말하는 모임에 끼어 있다

✓ 만나면 남의 뒷말만 하는 사람들과 함께 있어야 할 때.
✓ 나도 같이 뒷말을 하는 것처럼 보일까 봐 걱정이다.

뒷말은 왕따나 마찬가지

근본적으로는 뒷말이나 하는 사람들과 엮이지 않는 것이 가장 좋습니다. 다만 그 상황에 끼지 않으면 당신이 표적이 될지도 모릅니다. 아니, 십중팔구 당신의 뒷말을 늘어놓을 것입니다. 최악이네요. **그 사실을 각오하고 뒷말을 하는 무리에서 멀어졌으면 합니다.** 각오를 단단히 하지 않으면 어느샌가 당신도 그들의 말에 맞장구를 치고 있을 거

예요.

이는 왕따의 메커니즘과 비슷합니다. 혼자서는 왕따를 할 수 없으므로 주동자는 무리를 만듭니다. 무리에 끼지 않으면 자신이 왕따를 당하기 때문에 사람들은 동료가 되거나 표적이 되는 양자택일을 강요당합니다. 그 결과 그 상황이 탐탁지 않은 사람도 무리에 들어갈 수밖에 없습니다. 나중에는 주동자의 만행을 막을 사람이 없어져 왕따의 수위가 높아집니다.

뒷말도 마찬가지입니다. 다만 폭력으로 이어지지는 않으므로 '뒤에서 욕을 하든지 말든지' 같은 각오만 있으면 동료도 표적도 되지 않는다는 선택지를 고를 수 있습니다. 물론 한두 번은 뒷말의 대상이 되겠지만 **관련 없는 사람에 대한 뒷말은 그리 오래가지 못합니다.** 잘 모르는 사람에 대해 떠들어 봐야 별 재미 없거든요. 따라서 그러한 무리와 계속해서 거리를 두면 표적에서 벗어날 수 있답니다.

그리고 끌어들일 수 없는 사람이 많아질수록 무리는 힘을 잃어버리고 뒷말의 수위도 더 높아지지 않습니다. 당연히 주동자가 가장 나쁘지만 주위 사람들의 미적지근한 대응도 사태를 악화시키는 데 일조합니다. 그러니까 단호한 태도로 뒷말을 하는 무리와 거리를 둬야 합니다.

필요한 논의가 끝나자마자 자리를 뜬다

다만 뒷말은 동네 모임이나 행사 뒤풀이처럼 반강제적인 모임에서 펼쳐지기도 합니다. 모임이 **뒷말 대회로 흘러갈 것 같으면 '중간에 나가는 것'이 정답**입니다. 대체로 이러한 모임은 초반에 결정 사항을 논의하고, 할 일을 마쳤다 싶으면 뒷말 대회로 흘러가기 마련입니다.

따라서 **무언가를 결정할 때만 자리를 지키고 논의가 끝나자마자 나가면 됩니다.** "다른 일정이 있어서 한 시간만 있겠습니다" 하는 식으로 말해두세요.

어느 모임이든 2차, 3차까지 이어지다 보면 끝까지 남는 사람이 있는가 하면 중간에 사라지는 사람도 있습니다. 신기하게도 그 면면은 늘 비슷합니다. 그리고 중간에 사라지는 사람은 그 무리의 중심인물이 될 수 없어요.

즉 **매번 중간에 사라지는 것은 그 무리와 거리를 두고 싶다는 의사를 드러내는** 셈입니다. 모였다 하면 쑥덕거리는 무리 역시 마지막까지 남지 않는 사람은 '동료'로 여기지 않습니다. 그러니까 본의 아니게 뒷말을 일삼는 무리에 발을 걸치고 있더라도 마지막까지 남아 있지 않으려고 노력하면 됩니다. 다른 사람들이 같이 뒷말을 하게끔 유도해도 적당히 얼버무리세요. 몇 번 그러다 보면 다들 '이 사람은 이런 이야기를 좋아하지 않나 보군' 하고 알아줄 거

예요.

싫다고 딱 잘라 말하지 않아도

얼마든지 거리를 둘 수 있답니다.

뒤에서 나를 욕하는
사람이 있(을지도 모른)다

- ✔ 나를 흘끗거리면서 자기들끼리 뭐라고 이야기한다.
- ✔ '내가 무슨 잘못이라도 했나?' 하는 생각에 안절부절.

누가 나를 욕하고 있다는 생각은 대부분 착각

종종 누가 내 얘기라도 하나 귀가 간지러울 때가 있습니다. 그런데 이러한 느낌은 착각인 경우가 많습니다. 정말 당신이 무슨 잘못을 저질렀다면 그에 대한 반응이 나왔을 것입니다. 누군가 당신을 불러내서 지적할 수도 있고 나중에 자초지종이 드러나기도 합니다. 그러니까 확실하지 않을 때는 '신경 쓰지 않는 것'이 좋습니다. 신경 쓰이더라도 굳이 행동으로 옮길 필요 없어요. 가만히 있는 사이 관심에서 점점 멀어질 테니까요.

인간은 의외로 자신이 처한 상황을 냉정하게 판단하기 힘듭니다. 의기소침할 때는 모든 것이 비관적으로 느껴지고, 기분이 좋을 때는 모든 것을 낙관적으로 받아들입니다. 이성적으로 행동한답시고 노력해도 감정의 영향을 피할 수 없습니다.

학창 시절 시험 성적표를 받아 든 날을 떠올려 보세요. 생각보다도 처참한 점수에 충격을 받았을 때.

'이대로 가면 원하는 학교에 못 들어갈지도 몰라. 내 미래는 어떻게 되는 걸까. 장래 희망을 포기해야 하면 어쩌지.'

이러한 생각에 사로잡혀 있을 때는 모든 것이 불안하고 절망적입니다. 어쩌다가 딱 한 번 나쁜 결과가 나왔다 하더라도 '난 틀렸어'라는 생각에 사로잡힙니다. 그러던 중 전화가 걸려 옵니다. 세상에나, 짝사랑하던 아이가 고백하네요. 게다가 주말에 첫 데이트 약속이 잡힙니다. 가슴이 들뜨고 머릿속은 주말에 뭘 입고 나갈지, 뭘 하면 좋을지 하는 생각으로 꽉 찹니다. 조금 전까지 주변을 맴돌던 절망은 연기처럼 사라지고 이제 온 세상이 장밋빛입니다. '이번 성적은 최악이지만 평소에는 괜찮았잖아? 걱정할 필요

없어. 내 약점을 알았으니까 오히려 잘된 일이지. 열심히 복습하면 돼.'

사실은 하나도 바뀌지 않았는데 그때그때 기분에 따라 사물을 받아들이는 방식이 완전히 달라집니다. 인간의 판단이란 결국 이런 것입니다. 누가 내 뒷말을 하지는 않나 신경 쓰이는 것은 대체로 몸 상태가 나쁠 때예요. 돌이켜 보면 당신을 보면서 이야기하고 있었는지 확실하지 않고, 봤다 해도 나쁜 말을 하고 있었다고 단정할 수 없잖아요? 당신이 본 것은 이쪽을 몇 번 보면서 이야기하는 사람들이 있었다는 장면뿐입니다. 고작 그것만으로 '무언가 미움을 살 만한 일을 해서 뒷말의 대상이 되었다'라고 판단한 거예요. 이 모든 것이 사실일 가능성은 매우 낮으니까 안심하세요.

정 신경 쓰일 때는 휴식이 답

참고로 사람들이 뒤에서 나를 욕하고 있다는 생각이 너무 강하면 '피해망상'이라는 정신 질환을 의심해 봐야 합니다. 정신 의학에서는 '망상'을 '그 내용이 현실과 분명히 다른 것'이자 '현실과 다르다고 제삼자가 논리적으로 설명해도 바로잡을 수 없는 것'이라고 정의합니다.

여러 정신 질환에서 나타나는 증상인 망상은 뇌 기능

장애가 원인으로 여겨집니다. 우리 뇌는 오감을 통해 수많은 정보를 받아들인 다음 필요한 정보만 골라서 처리합니다. 따라서 실제로 보거나 들었다 하더라도 필요 없는 정보는 신경 쓰이지 않게끔 이루어져 있어요. 시계 초침 소리만 해도 평소에는 들리지 않거나 들리더라도 신경 쓰이지 않지만, 피곤할 때는 묘하게 시끄럽게 느껴지잖아요?

망상까지는 아니라도 뒤에서 누가 나를 욕하는 건 아닐까 걱정된다면 몸과 마음이 지쳤다는 신호일지도 모릅니다. 뒷말을 신경 쓰거나 직접 대응하는 대신 **자신의 상태를 돌아보고 몸과 마음을 가다듬는 것부터 시작해 봅**시다.

사람들이 나를 흉보고 있을지도 모른다는
생각에 빠지는 것은 위험합니다.

사람들이
나를 따돌리는 것 같다

✓ 친하게 지내던 사람들이 갑자기 나를 피하기 시작한다(증거는 없음).
✓ 예전 같은 사이로 돌아갈 수만 있으면 좋겠다.

남에게 휘둘리지 않는 사람이 되려면

인간관계의 기본은 '남에게 휘둘리지 않도록 중심을 제대로 잡는 것'이라고 생각합니다. 남에게 휘둘리지 않는 것은 남의 눈치를 보지 않고 자신의 축을 따라 행동하는 것입니다. '그건 그냥 제멋대로 구는 거잖아' 싶겠지만 두 가지는 완전히 다르답니다.

제멋대로 구는 사람은 상대방을 배려하지 않고 모든

일을 자기 입맛대로 진행합니다. 남이 뭐라고 생각하든 개의치 않습니다. 하지만 자신의 축을 따라 행동하는 것도 아니라는 결정적인 차이가 있습니다.

남의 눈치를 보는 사람은 '자신의 감정은 제쳐놓고' 다른 사람의 상황에 맞춰 매사를 결정합니다. 본질은 '자신의 감정은 제쳐놓고' 부분이니까 타인의 축을 따라 행동한다고 볼 수 있습니다. 반면 **자신의 축을 따르는 사람이 다른 사람을 배려하는 것은 강요나 압박의 결과물이 아니라 스스로 그렇게 하고 싶다고 수긍했기 때문**입니다. 아무리 다른 사람이 뾰로통한 얼굴을 하고 있어도 스스로 수긍하지 못했다면 행동을 바꾸지 않아요. 따라서 남에게 휘둘리는 일이 없습니다.

다른 사람의 눈치를 보면서 휘둘릴 때 자신의 의지와 감정은 뒷전으로 밀려납니다. 그리고 **서로의 감정을 존중하지 못하는 관계는 머지않아 어그러지고 만답니다.**

남의 기분을 맞춰 줄 필요는 없다

슬슬 본론으로 들어가 봅시다. 사람들이 나를 따돌릴 때는 어떻게 해야 할까요?

'내가 무슨 잘못이라도 한 건 아닐까?' 싶겠지만 이러한 생각에 너무 깊이 빠지면 다른 사람의 눈치를 살피게 되고 이는 곧 인간관계가 어그러지는 결과를 초래합니다. 대신 자신의 축을 기준으로 생각하세요. 상대방이 아니라 자신의 감정을 돌이켜보는 거예요.

당신은 어떻게 느끼고 있나요? 불안하거나 불쾌한 감정이 들지는 않나요? 지금 당신의 머릿속을 채우는 감정에 따라 스스로 수긍할 수 있는 행동을 취하세요. 예를 들어 '이 사람과는 엮여 봐야 짜증만 나니까 더 만나고 싶지 않다'라는 생각이 들었다면 관계를 끊으면 됩니다. 반대로 '한번 이야기라도 해 볼까'라는 생각이 들었다면 만나서 이야기를 나눠 보면 됩니다. 상대방의 기분을 맞춰주겠답시고 마음에도 없는 행동은 하지 마세요. 자기 자신을 향해 '지금 내가 느끼는 감정은 무엇인가'라는 질문을 꾸준히 던지면서 **스스로 수긍할 수 있는 행동을 취해야 합니다.**

남에게서 무시당하고 있다는 생각이 들 때는 **상대하지 않는다**는 선택지를 추천합니다. 짐작 가는 구석이 없다면 십중팔구 당신의 착각입니다. 남의 눈치를 잘 보는 사람은 사소한 정보까지 부정적으로 받아들이는 경향이 있습니다. 어쩌다가 평소보다 말수가 적어진 것뿐인데 '내가 싫어졌나?' 하고 짐작하는 것처럼 말이에요. 하지만 알고 보면 평소보다 조금 피곤했는지도 모르고, 잠깐 생각에 잠겨 있었는지도 모릅니다. 아니면 말수가 적어졌다는 것도 당신만의 생각일 뿐 평소와 다를 바 없었을지도 모릅니다. 짚이는 구석이 없다면 그 사람이 나를 미워할 가능성은 그리 크지 않아요.

만약 **상대방이 정말 나를 피하고 있었다 하더라도 지레짐작만으로 남을 피하고 무시하는 사람과는 차라리 엮이지 않는 쪽이 낫습니다.** 오해가 있어도 꼬치꼬치 캐묻거나 오해를 풀려고 노력할 필요 없어요. 확실하지도 않은 정보로 남을 오해하는 사람은 머지않아 또 다른 일로 오해할 테니까요.

괜찮은 사람이라면 당신을 무시하는 일도 없을 테고, 오해가 생기더라도 사실인지 먼저 확인할 거예요. 그러니까 짚이는 구석이 없다면 평소처럼 지내세요. 친하게 지낼 가치가 있는 사람은 굳이 애쓰지 않아도 곁에 있어 줄 테니까요. '오는 사람 안 막고 가는 사람 안 잡는다'라는 말이 있잖아요. 바로 그거예요.

남의 눈치는 그만 살피고
자신의 감정을 마주하세요.

무리나
파벌 간의 대립

✔ 학부모 모임이나 동창 모임 등에서 일어난다.
✔ 다른 파벌 사람과 친하게 지내면 핀잔을 듣기도.

무리와 파벌은 같은 목적을 가진 사람들이 모여서 이루어지기 마련입니다. 한편 학부모 모임이나 동창 모임처럼 어느샌가 형성된 무리에는 목적이랄 게 없습니다. 아니, 정확히 말하자면 목적은 존재하지만 교묘하게 감춰져 있습니다.

이러한 무리의 목적은 **중심인물이 남들 위에 올라서고 다른 구성원을 손쉽게 제어하는 기반을 마련하는 등 중**

심인물의 비위를 맞추는 것입니다. 하지만 진짜 목적을 말하면 아무도 무리에 들어오지 않을 테니까 중심인물에 의해 은폐되고 있어요.

이러한 무리는 '우리 파벌에 들어오지 않으면 앞으로 지내기 힘들어질 것'이라는 위협을 동력 삼아 세력을 넓히므로 두루두루 친하게 지내는 당신이 핀잔을 듣는 것은 당연한 일입니다. 위협이 통하지 않으면 목적 없는 무리는 금방 무너지거든요.

무리에서 고립되어도 괜찮다는 생각

이러한 무리에 속한 사람을 대하는 방법은 간단합니다. 꼭 필요한 일이 아니면 얽히지 않는 것입니다. 다만 어떠한 무리와 거리를 두면 또 다른 무리가 다가옵니다. 나도 모르는 사이 다른 무리에 휘말리지 않도록 조심하세요.

고립된다고 해서 무슨 큰일이 벌어지는 건 아니니까 너무 걱정할 필요 없어요. **고립으로 인한 가장 큰 문제는 '따돌림당하면 어쩌지'라는 두려움 그 자체입니다.** 무리에서 겉돌아도 괜찮다고 생각하면 아무 문제도 일어나지 않는답니다. 그리고 그러한 당신의 존재야말로 무리가 세력을 넓히는 것을 막습니다. 성가신 것은 모든 사람이 각각 어떠한 무리에 속한 상태입니다. 그런데 어디에도 속하지 않은 사람이 한 명이라도 있으면 성가신 분위기로 흘러가지 않습니다. 그 사람의 존재 자체가 무리에서 겉도는 것이 생각만큼 무섭지 않다는 사실을 보여주거든요.

그리고 **알고 보면 무리나 파벌 따위 귀찮다고 생각하는 사람이 훨씬 많아서** 어디에도 속하지 않으려는 사람이 하나둘 늘어납니다. 그렇게 피곤한 분위기가 서서히 사라집니다. 그러니까 무리에서 한 발짝 떨어져 나와도 괜찮아요. 한 마리 고독한 늑대가 되어 보자고요.

모두에게서 미움받지 않기란 불가능하다

그런데 왜 인간은 무리에서 소외되는 것을 무서워할까요? 큰 이유 중 하나는 누구에게서도 미움받고 싶지 않다는 생각 아닐까요? 하지만 이 **'미움받고 싶지 않다'라는 감정은 전형적인 타인의 축이에요. 주위 사람의 눈치만 보면서 살아가게 됩니다.** 남들이 나를 미워하지 않기를 바라면서 행동하면 자신이 원하는 일은 뒷전으로 밀려납니다. 피곤한 상황을 피하기 위한 선택이 오히려 답답하고 재미없는 삶을 불러오는 셈이에요.

게다가 모든 사람에게서 미움받지 않기란 불가능합니다. 비현실적인 일이에요. 어떤 사람이든 개성이 있고, 개성이 있는 이상 그것을 싫어하는 사람은 무조건 존재하거든요. 아무리 남에게 피해를 주지 않으려고 노력해도 오히려 그런 모습이 눈꼴시다며 화내는 사람도 있고, 무언가 속셈이 있을 거라며 오해하는 사람도 있습니다. 무리의 중심에 가까워질수록 이러한 사태에 휘말리기 쉽습니다. 따라서 미움받고 싶지 않다는 이유로 피곤한 무리에 발을 들이면 맨 먼저 불쾌한 일을 당할 수 있습니다.

그럴 바에는 얼른 무리에서 소외되는 쪽이 낫습니다. **무리에서 소외되는 것은 두려워할 일이 아니라 오히려 고마워할 일입니다.** 턱 끝까지 잠길 정도로 깊이 관여한 뒤에는 타격도 크니까 최대한 빨리 빠져나옵시다. 도망치세요.

<u>겉도는 것도 나쁘지 않아요.</u>

동창회에서
일어나는 기싸움

✓ 출신 대학교부터 회사, 수입, 스펙 좋은 연인 이야기까지…….

✓ "육아가 힘들어서 독신 때로 돌아가고 싶어" 하는 식으로 은근슬쩍 자랑하기도.

기싸움을 거는 사람을 대할 때는 '엮이지 않기', '반응하지 않기', '신경 쓰지 않기' 이 세 가지가 효과적입니다. 하나씩 구체적으로 살펴볼까요.

엮이지 않으면 짜증 날 일도 없다

잘난 척하는 사람은 언제 어디서든 자기 자신을 뽐낼

생각으로 가득합니다. 아마 스스로는 잘 모를 거예요. **이러한 사람과 엮여 봐야 유익한 정보 따위 얻을 수 없습니다.**

남들 위에 서려고 하는 사람에게 있어 타인과의 커뮤니케이션은 자존감을 채우기 위한 것. 그래서 늘 같은 이야기(그것도 자랑 이야기)로 빠집니다. 어쩔 수 없이 만나야 하는 상황이 아니라면 굳이 엮이지 마세요. 평소에도 너무 가까이 다가가지 않도록 합시다.

내 반응은 곧 상대방이 원하던 '보상'

잘난 척하기 좋아하는 사람은 이야기를 들어줄 것 같은 사람에게만 접근합니다. 그러니까 **예의상으로라도 "대단하네요" 하고 흥미롭다는 듯한 반응을 보이면 안 됩니다.** 만화 〈도라에몽〉에서 노진구의 친구로 나오는 왕비실만 봐도 알 수 있어요. 왕비실의 이야기 대부분이 자기 자랑인 것은 들어주는 사람이 있기 때문입니다. 이야기를 듣고 부러워하는 노진구의 반응이 곧 왕비실이 바라던 '보상'인 셈입니다. 한편 부러워하지 않는 사람은 애당초 왕비실의 청중도, 잘난 척의 대상도 되지 않습니다. 아무 반응 없는 사람에게 말해 봐야 잘난 척하기 좋아하는 사람은 자존감을 채울 수 없습니다. 차가운 반응에 상처나 받지 않으면 다행입니다. 그러므로 반응을 줄이기만 해도 당신 앞에서는 자랑 이야기를 꺼내지 않게 될 것입니다.

이처럼 어쩔 수 없이 만나야 하는 사람이 마구 들이댈 때는 '무반응'이 가장 효과적입니다. **따분하다는 듯한 얼굴로 이야기를 듣기만 하거나 건성으로 대꾸**합시다. 화제를 바꾸는 것도 좋습니다.

그리고 남의 자랑 이야기에 적극적으로 반응하는 사람도 멀리해야 합니다. 같이 있으면 당신도 부러워하면서 듣고 있는 것처럼 보이거든요.

신경 쓰지 않으면 신경 쓰이지 않는다

겁 많은 개일수록 크게 짖는다는 말이 있습니다. 자기 자랑만 늘어놓는 사람도 겁이 많은 것뿐이니까 **관심을 주지 않으면 다소 눈꼴신 것 말고는 별 피해가 없습니다.** 물론 처음에는 거슬리겠지만 신경 쓰지 않는 사이 진심으로 신경 쓰이지 않게 될 거예요.

입만 열면 자랑 이야기를 늘어놓는 사람은 알고 보면 현재 자신의 상태에 무언가 불만을 품고 있습니다. 그래서 안일한 방법으로 주위의 인정을 받으려는 거예요. 저도 예전에는 자랑만 하는 사람을 어떻게 대해야 할지 몰랐지만, 자존감이 낮은 사람이 많다는 사실을 알고 나서부터는 '잠깐 정도는 들어줄까' 하고 생각할 수 있게 되었어요. 이처럼 달관 수준에 이르면 잘난 척하는 사람도 더는 '눈엣가시'가 아니랍니다.

하루하루를 알차게 보내는 사람, 근사한 인생을 사는 사람, 거들먹거리지 않아도 주위에서 존경하는 사람은 자신을 내세우지 않습니다. 잘난 척을 할 겨를도 없고, 다른 사람의 부러움에서 의욕을 얻지도 않습니다. 자기 자랑만 늘어놓는 사람은 남이 보기에 전혀 부럽지 않은 사람이니까 당신이 짜증을 낼 필요가 없어요. 남의 행복을 부러워할 시간이 있다면 자신의 행복에 눈길을 돌리는 쪽이 더 낫지 않을까요?

자기 자랑만 늘어놓는 사람은
정말 부러워할 만한 사람일까요?

제5장

일로 만난
사이에서
있는 일

맡은 일을
거절하지 못한다

- ✓ 이유는 자신의 성장과 주변 사람들의 신임.
- ✓ 여러 일에 치이거나 결과물의 질이 낮아지기도.

대답을 '보류'하는 방법으로 시간을 벌자

업무 부탁은 좀처럼 거절하기 힘듭니다. 회사나 상사의 평가가 나빠질까 봐 억지로 떠맡기 일쑤입니다. 게다가 이러한 업무 부탁은 갑자기 나올 때가 많고, 대체로 원래 하던 일이 남아 있는 상태에서 답을 내려야 합니다. 등떠밀리듯이 "네"라고 답했다가 미래의 내가 고통받은 적, 다들 한 번쯤은 있잖아요?

이러한 상황을 현명하게 벗어나는 방법으로 '보류'가 있습니다. 그 자리에서는 대답을 미루고 일을 맡을 수 있는지 검토한 다음 답변을 주는 방법입니다. 즉 **시간을 버는 동안 냉정하게 생각**하는 거예요.

이런 식으로 대답해 보면 어떨까요? "네, 알겠습니다. 일정을 확인한 다음 오늘 안으로 답장 드리겠습니다." 이정도라면 거절에 서툰 당신도 충분히 말할 수 있을 것입니다. 그런 다음 일을 맡을 수 있는 상황이라고 확인되면 "조금 전에는 바로 답을 드리지 못해 죄송했습니다. 그 일은 제가 맡겠습니다" 하는 식으로 말하면 됩니다. 답장이 조금 늦는다고 해서 당신의 인상이 나빠지지 않는답니다.

거절하고 싶을 때는 이렇게 대답하세요. "현재 프로젝트를 세 건이나 맡고 있고, 내일 있을 회의도 제가 진행합니다. 조금 전에 말씀하신 사안도 담당하고 싶기는 하나 상황이 여의치 않습니다. 대단히 죄송합니다."

어느 정도 사정을 이야기하면서 거절하면 상대방도 이해해 줄 것입니다. 물론 이렇게까지 이야기해도 업무 요청을 거부하는 것을 탐탁지 않게 여기는 상사는 있겠지만, 그 자리에서 "지금은 좀 힘든데요"라며 딱 잘라 거절하는 것보다는 훨씬 낫지 않을까요.

그리고 업무 평가는 마지막 인상으로 결정 납니다. 능

력 밖의 일을 무리해서 맡느니 **일의 양을 잘 조절해서 좋은 결과를 내는 쪽이 더 긍정적인 평가를 가져옵니다.** 처음에 다른 일을 거절한 '과정'은 기억에 오래 남지 않을 거예요. 다만 보류에도 요령이 있습니다. **언제까지 답을 줄지 기한을 정하는 것입니다.** 이때는 상대방이 언제쯤 답을 줄 수 있냐고 물어보기 전에 먼저 기한을 설정해야 합니다. 그리고 그 기한은 빠를수록 좋습니다. 이렇게 하면 사안을 진지하게 대하는 자세가 상대방에게도 전해질 거예요.

'믿음직스러운 사람'이 평소 하는 일

해야 할 일이 하나 더 있습니다. **평상시부터 맡은 일의 우선순위를 매기는 것입니다.** 꼭 해야 하는 일을 가려낸 다음 하루에 수행할 양을 결정합니다. 구체적일수록 좋습니다. 가장 이상적인 상태는 그날그날 할 일에 기호나 숫자를 달아서 기록해 두는 것입니다. 이 같은 습관을 들이면 오늘 할 일이 항상 머릿속에 들어 있는 상태가 됩니다. 속는 셈 치고 한번 시도해 보세요. 지금 얼마나 여유 있는지도 알 수 있고, 일을 맡을 수 있는 상황이라면 대답을 보류하지 않고도 "네, 제가 맡을게요"라고 자신 있게 말할 수 있습니다. 그러면 업무적으로 크게 성장하고 주변 사람들의 신임도 얻을 수 있지 않을까요.

책임감이 강한 것도 좋지만
답변은 기한을 정해서 보류하고
맡은 일의 양과 일정을
다시 한번 점검해 보세요.

사생활을
캐묻는 사람이 있다

✓ 나이, 직업, 결혼 여부 등 사생활을 자꾸 캐묻는다.
✓ 보여주고 싶지 않은 면에 남이 발을 들이미는 것이 싫다.

사생활을 아무 거리낌 없이 들쑤시는 사람은 주변에서 흔히 볼 수 있습니다. 제가 다니는 헬스장에도 그런 사람이 있어요. "무슨 일 하세요?", "몇 살이에요?", "결혼은 했어요?", "아이는 있어요?" 하고 캐묻는데(심문이냐고요) 개중에는 대답하고 싶지 않은 내용도 많습니다. 하지만 앞으로도 얼굴을 마주할 사이다 보니 퉁명스럽게 대꾸하기도 좀 그렇죠.

이번에는 사생활을 침범당할 때 어떻게 대처하면 좋은지 알려드릴게요. 직장 말고 다른 곳에서도 통하는 방법이니까 상황에 맞게 활용해 보세요.

'절대 밝히고 싶지 않은 것'을 정해두자

우선 '밝혀도 되는 것'과 '절대 밝히고 싶지 않은 것'을 나눕니다. 원래는 전부 밝힐 필요 없지만, 오지랖 넓고 '피곤한 사람'은 꽁꽁 감추면 감출수록 더 알고 싶어 하거든요. 그러니까 조금씩은 정보를 내어주는 쪽이 좋습니다. 그래서 말해도 되는 것과 말하고 싶지 않은 것을 싹 정리해두라는 거예요. 저는 나이나 결혼에 관해서는 말해도 되지만 일에 관해서는 말하고 싶지 않아요.

말해도 되는 주제를 물어보면 선뜻 대답하세요. 아무렇지 않은 듯 가볍게 대답하면 대화는 더 깊어지지 못하고 금방 끝날 것입니다. 괜히 점잔 빼면서 대답을 미루면 상대방의 호기심이 더 커지니까 '가볍게'가 중요합니다.

밝히고 싶지 않은 것은 뭉뚱그리는 방법도 효과적입니다. 예를 들어 직업을 물어보면 "자영업자예요"라든지 "○○ 분야에서 일하고 있어요"라고 답하는 거예요. 그러면 상대방은 별로 말하고 싶지 않은 주제라는 사실을 알아차리거나 그대로 한발 물러날지도 모릅니다. 이렇게까지 했는데도 "혹시, 의사?" 하는 식으로 끈질기게 물고 늘어지는 사람이 있습니다(심지어 어쩌다 맞추기도). 그럴 때는 "그럴지도 모르죠" 하고 적당히 얼버무리세요. 종잡을 수 없게끔 어물쩍어물쩍 대답하면 상대방도 피곤해질 것입니다.

최후에 쓸 수 있는 최강의 대답은 '비밀'입니다. 이것만 한 게 없어요. 그렇게 해도 상대방이 끈덕지게 매달리면 "비밀이라면 비밀이에요"라고 답한 다음 밝히고 싶지 않은 것에 대해 입을 다물면 됩니다. 다만 무뚝뚝하게 "비밀입니다"라고 말하기보다는 애교 넘치는 말투로 말하는 쪽이 좋습니다.

분위기를 망치기 싫을 때는 '회피 기술'

그 밖에도 **이야기 주제를 바꾸거나 오히려 상대방에게 되묻는 '회피 기술'**도 효과적입니다. 예를 들어 볼게요.

A: B 씨는 애인 있어요?

B: 음, 비밀이에요. A 씨는 사모님이랑 잘 지내고 계시나요?

A: 하하, 그렇죠.

원래라면 말하고 싶지 않은 건 말할 필요 없지만, 자칫하면 분위기가 싸늘해질 수 있습니다. '회피 기술'은 실제로 시전해 보면 알겠지만 의외로 어렵지 않답니다. 최근에는 갑질에 대한 경각심이 높아져서 사생활을 물고 늘어지는 사람도 줄어드는 추세입니다.

서로 돕는 것도 중요합니다. 곤란한 질문을 받아 난처해하는 사람이 있으면 옆에서 "그거 성희롱이에요" 하고 지적하는 거예요. 질문을 받은 당사자가 지적하는 것보다는 훨씬 쉬운 일입니다. 평상시부터 '이러한 질문은 바람직하지 않다'라는 분위기를 조성하자고요.

밝히고 싶지 않은 것은 밝히지 않아도 됩니다.
웃는 얼굴로 "비밀이에요"라고 답하면서
자기 자신을 지키세요.

세대 차이로 인해
가치관이 맞지 않는다

✓ 상사: "회식도 안 가는 데다가 정시에 퇴근한다고?!"
✓ 신입: "일만 잘하면 그만 아닌가요? 워라밸을 지켜주세요!"

'세대'로 싸잡아서 규정하지 말자

저 역시 별생각 없이 '하여튼 요즘 젊은 사람들은'이라고 말할 뻔하다가 아저씨가 다 됐다고 느끼며 그만두고는 합니다. 그 유명한 소크라테스도 젊은 사람들을 보며 한탄했다고 하니 먼 옛날부터 흔했던 일인가 봅니다.

이러한 세대론에 반발하는 사람도 적지 않은데 그 원인 중 하나는 '광범위한 주어'일 것입니다. 예를 들어 Z세대는 일보다 사생활이 먼저라는 선입견이 있지만 'Z세대'는 어떠한 연대에 태어난 사람들을 가리키는 용어에 지나지 않습니다. 개중에는 일을 중시하는 사람도 있고요. 그들로서는 알지도 못하는 사람들과 싸잡히는 일이 불쾌할 수밖에 없지 않을까요?

집단을 나눠서 경향을 파악하는 것은 일반적인 분석 방법이지만, 그 집단 전체에 적용 가능한 고유의 경향이 있다는 뜻은 아닙니다. **'이 세대 특유의 경향이 있다'라는 생각과 '이 사람 특유의 경향이 있다'라는 생각으로 양쪽 모두 고려**하면 됩니다. 한 세대에서 보이는 경향은 그 세대의 '상식과 가치관'을 의미하는데 그것을 염두에 두고 커뮤니케이션하는 것 자체는 잘못된 일이 아닙니다. 문제는 말하는 방식입니다.

그렇다면 다른 세대와 커뮤니케이션할 때는 무엇을 신경 써야 할까요? 우선 **부정적인 화제를 다루지 않아야 합니다.** ○○세대는 의욕이 없다느니, ○○세대는 악착같다느니 하는 식으로 부정적인 화제를 다루는 것은 바람직하지 않습니다. '라떼는 말이야'라는 유행어가 생긴 것도 문맥상 뒤에 부정적인 화제가 이어지기 때문입니다. 즉 세대 차이 자체보다 상대방을 깎아내리는 자세가 문제입니다. 부정적인 화제를 꺼내지 않으면 아무 문제 없답니다.

잘난 척하며 상대방을 깔보지 않는 것도 **중요**합니다. "내가 젊었을 때는 말이야, 다들 의욕적으로 몸이 부서져라 일했어" 하는 식으로 자랑이나 잘난 척으로 이어지는 발언도 조심해야 합니다. 이러한 이야기가 꺼려지는 것은 말하는 사람(자신)을 추켜세우고 듣는 사람(상대방)을 낮추기 때문입니다. 상대방도 묵묵히 듣고 있기는 해도 속으로는 지긋지긋하다고 생각할 것입니다.

특히 "요즘 젊은 사람들은 불쌍해"라는 말은 최악입니다. 그런 말을 들으면 누구든 기분이 팍 상할 거예요.

세대 차이는 흥미로운 주제

반면 세대 간에 나타나는 문화 차이는 대화 주제로 좋습니다. 텔레비전 프로그램과 인터넷 기사만 봐도 세대 차이에 관한 퀴즈나 순위 등을 자주 다루잖아요. 게다가 꽤 예전 세대를 다루더라도 'OO세대라면 공감하는 추억 아이템' 같은 유튜브 영상은 높은 조회 수를 자랑합니다. 문화 차이를 알 수 있다는 의미에서 세대 차이는 흥미로운 주제랍니다.

문제는 세대 차이를 구실로 상대방을 부정하거나 자기 자랑을 늘어놓는 거예요. 그러니까 상대방의 흥미를 끌어낼 수 있는 소재라면 대화 주제로 삼아도 괜찮습니다.

문제는 세대 차이를 화제로 삼는 게 아니라

세대 차이를 구실로

남을 부정하거나 잘난 척하는 거예요.

잘나가는 동기가
신경 쓰인다

✔ 동기의 실적이 신경 쓰이고 지기 싫다는 생각에 시달린다.
✔ 동기가 치고 나갈지도 모른다는 생각에 일을 쉴 수 없다.

　다른 사람의 실적이 신경 쓰이는 마음은 저도 잘 알아요. 부끄럽지만 저도 책이 출간될 때마다 얼마나 팔렸는지 예의 주시하거든요. 나도 모르는 사이 '지고 싶지 않은 사람'이 생기기도 하고요. "다른 사람과 비교해 봐야 아무런 도움이 되지 않아요. 자기 자신에게 집중하세요!" 이렇게 말하고 다녀도 실제 저는 그런 사람이에요. 물론 지기 싫다는 마음에 휘둘리지 않도록 노력하고 있지만요.

'남에게 지고 싶지 않다는 마음'만으로 움직이면 오히려 자신의 능력을 발휘할 수 없습니다. 다른 사람의 성적을 지나치게 신경 쓰다 보면 자신의 에너지를 꼭 필요한 곳에 사용하지 못하고, 마음만 초조해져서 일이 제대로 풀리지 않거든요. '지기 싫어하는 성격' 탓에 오히려 지기 쉬워지는 딜레마에 빠지는 거예요. 스포츠 과학에 대해서는 잘 모르지만 소위 말하는 '슬럼프'도 지고 싶지 않다는 초조함이 너무 커져서 자신의 능력을 발휘하지 못하는 것 아닐까요.

자기가 할 수 있는 일에서 최선을 다한다

그렇다면 초조함에서 벗어나려면 어떻게 해야 할까요? 답은 딱 하나, 최선을 다하는 것입니다. 지고 싶지 않다고 간절하게 바란다고 해서 문제가 해결되지는 않아요. **할 수 있는 범위 내에서 최선을 다하고 결과를 기다려야 합니다.**

다른 사람의 성과가 거슬릴 때야말로 자신이 할 수 있는 일이 무엇인지 생각해야 합니다. 중요한 것은 생각의 전환입니다. 저도 농담 반 진담 반으로 분하다느니 지고 싶지 않다느니 말하고 다니지만 사실 제가 해야 하는 일은 더 좋은 글을 쓰는 것뿐입니다. 물론 좋은 글이라고 해서 무조건 잘 팔리는 건 아니지만, 그게 제가 할 수 있는 일이니까요.

그리고 **자신의 목표를 알고 나면 목표를 이루기 위해 무엇이 필요한지도 보일 거예요.** 자료를 정리할 수도 있고 서점에 가서 요즘 유행하는 소재를 찾아볼 수도 있습니다. 그런 일을 하는 동안 '다른 사람의 책 판매량' 따위 머릿속에서 사라질 거예요.

'지기 싫다는 생각' 자체는 전혀 나쁘지 않습니다. 다만 강한 승리욕을 내버려 두면 초조함이나 불안으로 발전할 수 있습니다. 따라서 지고 싶지 않다는 동기 부분만 남겨두고 행동으로 연결하는 것이 좋습니다.

초조함을 없애는 것은 '행동'

머리로는 알아도 다른 사람의 성과가 신경 쓰이는 것은 어쩔 수 없습니다. 그럴 때는 **자신의 목표를 구체화**하는 것부터 시작하세요. 대신 다른 사람을 기준으로 삼으면 안 됩니다. 자신의 현재 상황에 맞게 정량적인 목표를 세우는 거예요. 가능하면 날짜도 명확히 정하는 것이 좋습니다. 영업 실적을 예로 들자면 '이번 달은 지난달보다 계약을 ○건 더 성사시킨다' 하는 식입니다.

목표를 정했다면 **목표를 이루는 데 필요한 행동을 간**

략하게 정리합니다. 실행 가능한 내용인지 고민하면서 최대한 많이, 구체적으로 적어 봅시다. 조금 전에 이야기한 영업 실적 사례로 치자면 '선배에게서 조언을 듣는다', '일주일에 ○건 영업을 나간다', '고객사 직원 ○명에게 전화한다' 같은 내용을 들 수 있습니다. 다음으로는 실행하기만 하면 됩니다. 행동은 초조함을 덜어 줄 거예요. 반대로 말하면 **초조함은 행동으로만 없앨 수 있어요.**

다른 사람과 비교해 봐야
초조해지기만 합니다.
자신의 목표로 눈길을 돌리고
행동하는 것이 제일입니다.

동료가 칭찬받으면
괜히 샘난다

✓ 상사가 동료만 칭찬하고 내 노력은 알아주지 않아서 샘난다.
✓ 우수한 동료와 자신을 비교하다가 자기혐오에 빠진다.

다른 사람의 평가라는 것은 그야말로 '타인의 축'입니다. 당연하다면 당연하지요. 타인의 축을 따르는 사람은 다른 사람의 안색이나 평가에 전전긍긍하면서 살아갑니다. 체면을 신경 쓰고, 평판을 신경 쓰고, '좋아요' 수를 신경씁니다. 이 모든 것이 타인의 축입니다.

반대되는 개념이 '자신의 축'입니다. 자신의 축을 따르는 사람은 자신이 하고 싶은 일, 스스로 수긍할 수 있는 일을 바탕으로 행동합니다. 저는 자기 인생의 중심축을 타인의 축에서 자신의 축으로 옮겨야 한다고 생각해요. 타인의 축을 따르는 한 다른 사람의 눈빛 하나, 말투 하나에 전전긍긍하면서 남에게 휘둘리는 삶을 살 수밖에 없기 때문입니다.

그리고 타인의 축을 따라 살아가는 사람은 자신의 감정을 뒷전으로 미룹니다. 그래서 타인의 평가가 사라지면 무엇을 해야 할지 몰라 길을 잃어버립니다. 자기 인생을 자기 발로 걸어 나가는 느낌도 실감할 수 없습니다.

하지만 사람은 아차 하는 사이 타인의 축을 따라가고는 합니다. 삶이 버거워지는 원인 중 하나가 여기에 있습니다. '내가 하고 싶은 일'을 처음부터 아는 사람은 그리 많지 않아요. **다양한 경험을 하며 성장하는 동안 '내가 하고 싶은 일'과 '내가 수긍할 수 있는 일'을 깨닫기 마련입니다.** '내가 하고 싶은 일'과 '내가 수긍할 수 있는 일'을 모르는 동안에는 아무래도 타인의 축을 따르기 쉽습니다. 어릴 때는 부모님이나 선생님에게서 칭찬을 받는 게 목표였잖아요? 이 또한 타인의 축입니다. 역시나 목표로 삼기 쉬운 요소인 '인기'도 타인의 축입니다.

즉 **처음에는 누구나 '타인의 축'으로 시작합니다.** 이후 '내가 하고 싶은 일'이 무엇인지 생각하면서 서서히 자신의 축을 깨닫습니다. 그렇다고 해서 누구나 순조롭게 '자신의 축'을 따라갈 수 있는 건 아니지만요. 어릴 적부터 주입된 타인의 축은 그리 쉽게 사라지지 않습니다. 게다가 '타인의 평가'는 알기 쉬운 데다가 눈에 보이는 지표로 이루어져 있어 자기도 모르는 사이에 혹하고 맙니다. SNS에 글을 올렸는데 '좋아요' 수가 쭉쭉 올라가면 기분이 좋아지잖아요?

내가 이루고 싶은 일과 해보고 싶은 일

다른 사람이 칭찬을 들을 때 괜히 짜증이 나는 것은 아직 타인의 축 단계에 머물러 있기 때문일지도 모릅니다. 상사의 평가? 물론 중요합니다. 하지만 그것만 신경 쓰다가는 상사의 말투와 표정을 끊임없이 살피게 되고 일도 재미없어집니다.

가장 좋은 방법은 **'일에 있어 자신의 축'**을 찾는 것입니다. 평가는 나중에 뒤따라오는 거예요. 맡은 업무와 관련해 당신이 이루고 싶은 목표나 해보고 싶은 일은 없나요? 있다면 추진하고, 없다면 찾아보세요. 그것만으로도 머릿속을 맴돌던 짜증이 행동으로 바뀝니다. 새로운 기획을 제안할 수도 있고, 관심 가는 프로젝트에 자원할 수도 있습니다. **해보고 싶었던 일에 매달리는 사이 좋은 성과를 거**

두면 당신의 주가도 높아질 것입니다. 그렇게 되면 동료가 조금 칭찬받는 것쯤은 아무렇지도 않게 느껴질 거예요.

상사가 동료만 칭찬하고 있다는 것도 어쩌면 당신의 착각 아닐까요? 아니면 상사가 그 동료를 '칭찬할수록 잘하는 타입'이라고 생각해서 별것 아닌 일로도 칭찬하고 있는 것뿐일지도 모르고요. 어느 쪽이든 간에 상사의 평가를 하나하나 신경 쓸 필요는 없습니다. **커다란 목표를 찾아서 거기에 집중하는 것이 제일**입니다.

남에게 휘둘리는 삶이 싫다면
자신의 축을 따라 살아가세요.
'일에 있어 자신의 축'을 찾는 거예요.

말을 걸기 힘든 상사
혹은 동료

- ✓ 보고, 연락, 상담하기 힘들어서 일을 진행할 수 없다.
- ✓ 그러면 일이 진행되지 않는다며 혼난다(다시 말을 걸기 힘들어지는 악순환).

　말 걸지 말라는 듯한 분위기를 내뿜는 사람들은 왜 문제가 터지고 나서야 "진작 말했어야지!" 하고 윽박지르는 걸까요. 말을 걸기 힘든 사람에게 대응하는 법을 이야기하기 전에 당신이 가져야 할 마음가짐을 일러둘게요.

　그것은 바로 '아무리 말을 걸기 힘든 분위기라도 무조건 보고하겠다는 강한 의지'를 지니는 것입니다. 상대방이 뚱한 표정을 짓고 있기는 해도 말을 걸지 말라고 한 적은 없잖아요? 그러므로 문제가 터지면 남들 눈에는 당신이 잘못한 것처럼 보입니다. 최악이네요. 커뮤니케이션을 취하지 못하면 사태는 무조건 나빠집니다. 말을 걸기 힘들더라도 굴하지 않고 보고, 연락, 상담하는 거예요.

이때 필요한 요령 세 가지를 소개할게요. 직접 말을 거는 것만 커뮤니케이션이 아니거든요. 직접 말을 걸기 힘들 때는 주변부터 공략해 나가면 됩니다.

메일이나 메신저를 조합

메일이나 메신저처럼 형태로 남는 수단과 대화를 조합하면 갈등을 예방할 수 있습니다. 직접 보고하라는 사람도 있겠지만 그럴 때는 "조금 전에 메일로도 보내드렸는데요……" 하고 대답해 보세요.

건드리면 안 될 것 같은 분위기를 풍기는 사람은 내가 열심히 이야기할 때는 건성으로 대꾸하다가 나중에 가서야 그런 말 못 들었다며 오리발을 내미는 경우가 많습니다. 이러한 사람은 대체로 마음에 여유가 없기 때문입니다. 일로 바쁘거나 참을성이 부족하거나 감정 조절에 서툴러서 금방 욱하는 등 여러 가지 원인이 있습니다. 그렇게 아슬아슬하게 버티고 있는 사람에게 말을 걸어 봐야 흘려들거나 기억하지 못하는 것은 어떻게 보면 당연한 일이에요.

반면 서면을 활용하면 당신이 노력한 과정이 증거로 남습니다. 그리고 말을 걸기 힘든 상사는 지시도 손바닥 뒤집듯이 하므로 이 또한 증거로 남기는 것이 좋습니다.

정기적으로 보고하는 자리를 만든다

만약 미팅을 제안할 수 있는 위치라면 정기적으로 보고하는 자리를 만드는 방법도 있습니다. 주 1회도 좋고 매일 아침도 좋으니까 정기적으로 모이는 자리를 만들어서 보고를 올리는 거예요. 상대방이 한창 일에 집중하고 있을 때보다는 훨씬 말하기 편할 것입니다. 이미 그런 자리가 있다면 해야 할 이야기를 모두 모아서 그때 하세요.

제삼자를 끌어들이면 무섭지 않다

당신이 말을 걸기 무서워하는 사람도 누군가는 다르게 생각할 수 있습니다. '말을 걸기 무서운 사람'이 상대방에 따라 다르게 행동하는 타입일지도 모르니까요. 아무리 신경질적인 사람이라도 팀장이나 사장을 상대로 날 선 분위기를 내뿜지는 않을 거 아니에요.

그리고 **인간은 같은 자리에 제삼자가 있으면 둥글어지는 법입니다.** 따라서 둘만 있을 때보다 많은 사람이 있을 때 말을 거는 것이 좋습니다. 상대방이 퉁명스러운 태도로 나오면 다른 사람들도 눈치챌 수 있는 장소가 이상적입니다.

전부 통하지 않으면 상대방보다 직급이 더 높은 사람이나 사내 갈등을 조율하는 부서와 상담하세요. 말을 걸기 힘든 분위기를 풍기는 것도 일종의 갑질이니까 그에 맞는 대처를 고려해야 합니다.

무슨 일이 있어도
보고하겠다고 마음먹으세요.
꺾이면 안 돼요!

말이 잘 통하는
직장 동료가 없다

✓ 일에 대한 불만이나 투정을 터놓고 말할 수 있는 동료가 없다.
✓ 회사 사람들이 무슨 생각을 하는지 도무지 모르겠다.

직장에 '친구'가 필요할까?

직장은 일을 하는 곳입니다. 그러니까 '말이 잘 통하는 친구'가 꼭 있어야 할 필요는 없어요. **직장에서는 일만 잘하면 된다고 생각하는 자세가 중요합니다.** 죽이 잘 맞는 사람이 있으면 친해지고, 없으면 담담하게 일하면 됩니다.

그리고 일에 대한 불만은 부정적인 화제입니다. 아무에게나, 아무 때나 말해도 되는 주제는 아니에요. 정 이야기하고 싶으면 직장이라는 울타리 바깥에서 내 이야기를 잘 들어줄 만한 친구나 지인을 찾으면 됩니다.

당신이 불안해하는 원인은 **친한 동료가 꼭 있어야 한다느니, 일에 대한 불만을 공유할 수 있는 사람이 필요하다느니 하는 생각** 아닐까요? 일에 대한 불만을 늘어놓거나 뒤에서 남을 욕하는 행동은 버릇이 되기 쉽습니다. 스트레스가 풀린다고 해서 시도 때도 없이 푸념을 늘어놓는 것은 자기 자신을 위해서도 좋지 않습니다. 말이 나온 김에 직장에서 어떻게 행동하고 있는지 한번 되돌아보세요.

앞서 말했듯이 직장은 일하는 장소입니다. 섣불리 친해졌다가는 일하는 데 방해될 수도 있어요. 친분이 마음에 걸려서 하고 싶은 말을 참은 적, 한 번쯤은 있잖아요.

당신에게 무엇이든 털어놓을 수 있을 만큼 친한 동료가 생겼다고 칩시다. 친할 때야 아무 문제 없겠지만 관계가 틀어지면 어떻게 될까요? 생각만 해도 숨이 막히네요. 게다가 **상대방이 자신이 들은 불만이나 푸념을 다른 사람에게 퍼뜨릴 수도 있습니다.** 따라서 직장에서 안정적으로 지내려면 처음부터 너무 깊이 파고들지 않는 쪽이 좋습니다. 저도 오지랖이 넓은 직원과는 같이 일하기 힘들다는 인상이 있거든요.

신뢰와 존경을 기반으로 하는 관계

물론 친구를 만들지 말라는 말은 아닙니다. 문제는 '회사 생활을 편하게 하고 싶어서' 친구를 만들려는 생각입니다. '친구가 필요하다'라는 전제를 머릿속에서 지웁시다.

얼굴을 맞대고 몇 번 같이 일하다 보면 자연스럽게 신뢰 관계가 쌓일 것입니다. 그때 친해지면 됩니다. 꼭 친구가 아니더라도 존경할 만한 선배나 믿음직스러운 후배 같은 형태일지도 모릅니다. 직장에서는 **'신뢰'를 기반으로 하는 관계**가 '친구'보다 낫습니다. 금방 만들어지는 관계는 아니니까 느긋한 마음으로 관계성을 다져보세요.

어떻게 하면 일을 더 잘할 수 있는지, 어려운 일이나 갈등에는 어떻게 대처하면 좋은지 다른 사람에게 물어보거나 가르쳐주거나 같이 고민하는 사이 일을 중심으로 하는 커뮤니케이션의 범위가 넓어집니다. 시간은 오래 걸리지만 이러한 과정을 통해 일에 대한 보람이 생기면 직장 생활도 한결 편해진답니다.

다만 제가 설명한 대로 행동해도 답이 보이지 않는 직장이 있습니다. 부조리가 아무렇지 않게 통용되고 갑질이 횡행하는 직장 말이에요. 그럴 때는 오래 있어 봐야 득 될 것이 없으므로 이직을 고민해야 합니다.

직장에 '친구'는 필요 없어요.

일을 기반으로 한

인간관계를 차근히 다져 봅시다.

그저 맞장구만 쳐야 하는 상황

✓ 상사의 자기 자랑에 "대단하시네요" 말고는 대꾸할 말이 없다.
✓ 팀원들끼리 한잔하러 가자는 권유를 거절하기 힘들다.

상대방이 나보다 상사라서 동조할 수밖에 없는 상황이라 하더라도 기본적으로 '엮이지 않기', '반응하지 않기', '신경 쓰지 않기'만 염두에 두면 됩니다. 남들 위에 서려고 하는 사람에게 대처하는 방법과 일맥상통합니다(137쪽 참고).

하지만 '반응하지 않기'나 '신경 쓰지 않기'와 달리 '엮이지 않기'는 어렵다고 생각하는 사람이 많을 거예요. 그래서 이번에는 '엮이지 않는 요령'을 소개하려고 합니다. 알고 보면 **'무조건 엮일 수밖에 없는 상황'은 그리 많지 않답니다.**

일에 집중한다는 핑계로 슬쩍 도망치기

직장에서 쓰기 좋은 방법입니다. '어쩔 수 없이 맞장구를 쳐야 하는 상황'은 대체로 일과 별 상관없고 크게 중요하지 않은 상황입니다. 따라서 원래 맡은 일에 집중하고 있으면 쓸데없는 이야기를 들어야 하는 자리에서 잠시 빠져나올 수 있습니다. 일 핑계를 대면 이야기를 들어주지 않는다는 이유로 미움받는 일도 거의 없답니다.

젊은 시절 이야기를 잠깐 해 볼게요. 당시 일하던 병원에 자랑 이야기를 좋아하는 베테랑 의사 선생님이 있었습니다. 하루는 그 선생님이 이렇게 말했어요.

"새로운 병동이 완공되었는데 같이 둘러보러 갈까요."

저는 진료 기록을 정리하던 걸 잠시 제쳐두고 선생님의 뒤를 따랐지만, 별 대단한 이야기는 듣지 못했어요. 무슨 말을 하든 설비에 어마어마한 돈을 들였다느니 하는 자랑 이야기로 끝났거든요.

다른 선생님 중에는 같이 가지 않은 사람도 많았어요. 다들 서류를 작성하거나 환자와 이야기하는 등 일에 집중하고 있었습니다. 참석한 사람들도 할 일이 생각났다고 말하며(혹은 생각난 척하며) 중간에 자리를 빠져나갔습니다. 그렇다고 해서 나쁘게 찍힌 사람은 없었고, 결국 비위를 맞춰주지 않고도 넘어갈 수 있었습니다. **동조하고 싶지 않은 이야기에 끼게 될 것 같으면 일을 변명 삼아 도망쳐도 아무 문제 없다는 뜻입니다.**

그리고 일과 관련된 부분에서 본의 아니게 동조해야 하는 상황과 맞닥뜨리면 섣불리 동조하지 말고 자신의 의견을 밝혀야 합니다. **그 자리에서 도망치기 힘들 것 같으면 중심인물에게서 멀어지는 방법도 있습니다.** 대화에는 '범위'가 있어서 대체로 눈길 닿는 범위 안에 있는 사람과 이야기를 나누고 있기 마련입니다. 중심인물에게서 멀찍이 떨어진 사람의 반응은 거의 보이지 않습니다. 그러니까 고개를 끄덕이지 않아도 눈에 띄지 않을 거예요.

대화가 더 이어지지 않게 하기

이야기에 동조하기 싫으면 고개를 끄덕일 필요 없습니다. 가만히 듣고만 있으세요. 눈치가 빠른 사람이라면 자신의 이야기에 동조하지 않는다는 사실을 알아차릴 것입니다. 알아차리지 못하더라도 억지로 맞장구를 치지 않는 것만으로도 기분이 조금은 나아질 거예요.

대화가 더 이어지지 **않도록 "그렇군요"** 정도로 끝내는 **방법**도 있습니다. 서비스 정신이 철저한 사람은 관심 없는 이야기에도 열심히 반응하는데요. 그래 봐야 상대방 좋은 일만 시켜주고 당신은 금방 지칠 뿐입니다.

지금까지 알려드린 몇 가지 탈출구를 활용해 엮이기 전에 도망치세요. 그것만으로도 마음의 부담이 훨씬 줄어들 거예요.

억지로 맞장구를 치지 않아도
도망칠 구멍은 있답니다.

실수를 지적하면
불만을 품는다

✓ 남에게 지적당하는 것 자체가 불만이다.
✓ 실수를 인정하기 싫어서 변명을 늘어놓기도.

　자신의 잘못을 인정하려 들지 않는 사람은 실수에 대한 지적을 자신에 대한 공격이나 부정으로 받아들입니다. 따라서 **상대방을 부정하려는 의도가 없다는 사실을 명확하게 보여주는 것**이 중요합니다. 어떻게 해야 하는지 구체적으로 살펴봅시다.

내 생각을 '나 전달법'으로 알리기

'나 전달법'이란 38쪽에서도 설명했듯이 "나는 ○○이라고 생각해"처럼 자기 자신을 주어로 넣어서 말하는 방법입니다. 반대되는 개념이 '너 전달법'입니다. "너는 ○○이다"와 같이 상대방을 주어 삼아 말하는 방법입니다.

원만한 인간관계를 유지하려면 나 전달법을 사용하는 쪽이 좋습니다. 특히 상대방의 실수를 지적할 때 "내 생각에 이 상황에서는 ○○이 더 좋을 것 같아", "나라면 이런 방식으로 진행했을 거야" 같이 나 전달법으로 표현하면 규정이 아닌 생각이나 느낌처럼 들립니다. 그렇게 되면 상대방도 비교적 순순히 지적을 받아들일 수 있습니다.

한편 너 전달법을 사용하면 "네 방식은 틀렸어", "넌 실수가 잦아" 같은 표현이 됩니다. **나 전달법보다 훨씬 듣기 거슬리지 않나요.** '너'를 주어로 삼으면 상대방에 대해 제멋대로 규정하는 것처럼 들리기 때문입니다. 나는 그럴 의도가 없었는데 상대방이 자신의 인격을 부정당했다고 느낀다면 나도 모르는 사이 너 전달법을 사용했을 거예요.

다만 **'무늬만 나 전달법'도 있으니까 조심해야 합니다.** "나는 네가 틀렸다고 생각해" 같은 표현을 예로 들 수 있어요. 언뜻 보면 나 전달법 같지만, 내용은 너 전달법입니다. 그래서 어딘지 모르게 귀에 거슬립니다. 핵심은 상대방을 규정하는 표현을 사용하지 않는 것입니다.

실수를 지적할 때는 '시각적인 정보'를 곁들이기

실수를 지적당할 때마다 토라지는 사람은 자기 자신에 대한 확신과 피해의식이 강한 경향이 있습니다. 따라서 단순히 실수를 지적했을 뿐인데 미움받고 있다느니 인격을 무시당했다느니 나쁜 방향으로 해석합니다. 확신이 너무 강한 나머지 자신의 기억을 재창조하는 사람도 있습니다.

이를 막으려면 시각적인 정보를 활용하는 것이 좋습니다. **메일이나 메신저를 활용하고, 하고 싶은 말에 숫자나 기호를 달아서 일목요연하게 표현**합니다. 이렇게 하면 말했다느니 안 했다느니 하는 다툼으로 번지지 않고 상대방과도 해석을 맞출 수 있습니다.

매뉴얼을 보여주면서 어디가 잘못되었는지 알려주는 방법도 추천합니다.

긍정적인 표현 사용하기

이렇게 하면 안 된다느니 이건 틀렸다느니 하고 실수를 지적하면서 이야기를 마무리하면 상대방은 실망에 빠집니다. 대신 "앞으로는 이렇게 해 주세요" 혹은 "이 방법을 써 보면 어떨까요?" 하는 식으로 다음 행동을 제안해 보세요.

상대방의 실수를 지적할 때 잘한 점을 함께 언급하는 방법도 있습니다. "○○ 부분은 이해하기 쉽고 좋네요. 하지만 △△ 부분은 오해를 사기 쉬우니까 다음부터는 이렇게 하면 어떨까요" 같은 표현을 사용하면 상대방은 당신의 말을 흔쾌히 받아들일 것입니다.

지적하는 방법에 따라
상대방이 받아들이는 정도가 달라집니다.
그렇다고 해서 상대방의 눈치를 볼 필요는 없어요.

제6장

가족, 친척 사이에서 있는 일

부모의 기대가
부담스럽다

- ✓ 내가 명문대를 졸업해 대기업에 들어가기를 바란다. 손주 이야기를 한다.
- ✓ 나도 모르는 사이 기대를 저버리지 않으려고 애쓴다.

부모의 기대, 은근히 부담스럽습니다. 자신이 바라는 진로나 행동을 노골적으로 강요하는 부모라면 골칫거리조차 되지 않습니다. 문제는 "네가 하고 싶은 일을 하렴"이라고는 말하지만 어딘지 모르게 압박이 느껴지는 경우입니다. 그런 점에서 부모의 기대로부터 완전히 자유로운 사람은 극히 드물 것입니다.

부모의 기대는 끝이 없다

잠시 제 이야기를 할게요.

아버지는 개인병원을 운영하는 의사였고, 저는 아버지가 일하는 모습을 보면서 자라 왔습니다. "너도 크면 의사가 될 테니까"라는 말도 자주 들었고요. 어머니도 교육열이 높은 분이었습니다. 그런 집에서 자라면 '아버지의 뒤를 잇는 것 말고 다른 미래'는 상상할 수가 없어요. 성적표가 나올 때마다 부모님의 기대가 커지는 것을 실감하던 초등학생이었습니다.

의대 진학률이 높기로 유명한 사립 중·고등학교에 응시해 무사히 합격하자 쉬는 날 없이 학원을 전전해야 했어요. 정신을 차려 보니 의대에 합격했고, 유급 한 번 없이 의사가 되어 있었습니다. 그때 깨달았어요. **'부모의 기대에 부응해 봐야 더 높은 기대가 주어질 뿐'**이라는 사실을. 다시 말해 **부모의 기대에 따라 살아가는 것에는 끝이 없어요.**

막 의사가 되었을 무렵, 저는 제가 동성애자라는 사실을 깨달았습니다. 얼마간 고민하기는 했지만, 앞으로는 부모님의 기대에 따라 살아가지 않겠다고 마음을 바꿔 먹었어요. 다음에 올 기대는 '결혼해서 손주 얼굴을 보여주는 것'이었으니까요. 제가 '자신의 축'을 따라야 한다고 입이

닳도록 말하고 다니는 것은 이러한 경험 때문이랍니다.

과거를 후회하지는 않아요. 당시만 해도 저는 어떻게 살고 싶은지 별생각이 없었거든요. 작가가 되고 싶기는 했지만, 공모전 준비 같은 행동에 나서지는 않았고 막연한 꿈 정도였어요. 따라서 딱히 하고 싶은 일이 없다면 부모의 기대를 따라 봐도 괜찮을 것 같았습니다.

즉 **부모의 기대를 염두에 두고 스스로 수긍한 진로를 따른 것입니다.** 부모의 기대를 맹목적으로 따른 게 아니라 자신의 축에 비추어 본 다음에야 따른 거예요. 이 차이는 무척이나 크답니다.

부모의 기대를 '의견'으로 낮추기

결국 **부모의 기대를 정답처럼 따르는 대신 하나의 '의견'으로 받아들이는 것**이 중요합니다. 그런 다음 문제에 대해 스스로 생각해 보면 어떨까요? 부모의 기대에 따라 살아가다가 문득 괴로워지면 '부모의 기대를 따른다' 혹은 '부모의 기대를 따르지 않는다'라는 양극단 사이에서 고민하기 마련입니다. 후자 쪽으로 크게 선회하면 부모와 대립해야 할지도 모릅니다. 그럴 용기가 없으면 지금까지 그랬듯이 자기 자신을 억압하면서 살아가야 하고요.

그렇다면 양극단이 아니라 그 중간을 고르는 건 어떨

까요. 부모의 기대를 부모의 '의견'으로 낮춰서 생각하는 것입니다. "아버지(어머니)의 의견은 그러하군요. 스스로 차근히 생각해 보겠습니다" 하고 대답한 다음 자신이 결정한 길을 따르면 됩니다. 이러한 완충 장치를 넣기만 해도 당신 역시 나름대로 생각이 있다는 사실이 전해질 것입니다.

물론 부모의 강요가 심해 **대화는커녕 찍소리 한번 할 수 없다면 싸움도 불사**해야 합니다. 부모의 기대대로 살아온 당신이라면 싸움은 나쁘다고 생각할지 모르지만 늘 그런 건 아니랍니다. 한판 붙어 보자고요.

<u>부모의 기대는 '의견'으로 들으세요.</u>
<u>수긍할 수 있으면 받아들이고요.</u>

다른 형제자매와
비교한다

✓ 외모, 능력, 애교 등으로 비교한다.
✓ 부모에게 나쁜 뜻은 없겠지만 듣는 사람은 스트레스.

여러 가지 면에서 나보다 뛰어난 형제자매에게 열등감을 느끼는 사람이 적지 않습니다. 그런데 한 번쯤 생각해 봐야 할 것은 '정말 비교당하고 있었을까?' 하는 문제입니다.

비교당하고 있다는 것은 진짜일까

물론 대놓고 비교하는 부모도 있지만, 이야기를 잘 들

어보면 정말 비교하고 있는지 확신할 수 없는 사례가 많습니다. 아무래도 자식이 밝고 착한 아이로 자라기를 바라며 노골적으로 비교하거나 차별하지 않으려고 노력하는 부모가 훨씬 많지 않겠어요?

즉 '미움받고 있을지도 모른다는 생각'과 마찬가지로 **받아들이는 사람이 어떻게 느끼느냐에 달린 문제**입니다. 적지 않은 이들이 남에게서 미움받고 있지는 않나 촉각을 곤두세웁니다. 이러한 사람들은 인사를 했을 때 어쩌다가 한 번 무시당했다거나 상대방의 말수가 평소보다 적다거나 하는 '사소한 오해'를 크게 해석합니다.

인사에 대한 대답이 없는 것은 마침 생각에 잠겨서일지도 모르고, 상대방을 보지 못해서일지도 모릅니다. 말수가 평소보다 적어진 것도 전날 잠을 못 자서일지도 모르고, 감기 탓에 목소리가 나오지 않아서일지도 모릅니다. **다른 사람의 사정은 고려하지도 않고 누가 나를 미워한다며 스트레스를 받고 있지는 않나요?** 그렇다면 문제의 본질은 남에게서 미움받는 것이 아니라 '미움받는 것에 민감하고 금방 불안해지는 나 자신'입니다. 자신이 사물을 받아들이는 방식에 주목하지 않으면 문제는 해결되지 않습니다.

아니나 다를까. 다른 형제자매와 자꾸 비교당해서 힘들다고 호소하는 사람의 부모에게서 (본인의 동의를 얻어)

이야기를 들어보니 그런 식으로 느끼고 있었을 줄은 꿈에도 몰랐다며 놀랐습니다. 부모가 자기도 모르는 사이에 자식들을 비교했을 가능성도 있지만, 그렇다 하더라도 문제의 근원은 자신의 '열등감'입니다. 이 열등감에 초점을 맞추지 않는 한 가슴속 응어리는 사라지지 않아요. 만약 부모가 정말 다른 형제자매와 비교했다 하더라도 열등감이 없으면 마음에 담아두지 않는답니다.

비교당해서 힘들 때 할 수 있는 일

그렇다면 구체적으로 어떻게 대처하면 좋을까요? 두 가지 방법을 소개할게요.

첫 번째는 **다른 사람과 비교되어 나를 힘들게 하는 요소에 관해 생각해 보는 것**입니다. 정말 비교당하고 있는지는 중요하지 않습니다. 외모, 공부, 운동 등을 예로 들 수 있습니다.

어떤 요소인지 알아냈다면 **자신의 열등감을 없앨 방법을 찾습니다.** 해당 요소를 갈고닦아 정면으로 맞설 수도 있고, 자신의 특기를 살릴 수도 있습니다. 성적이 콤플렉스라면 성적 대신 자신 있는 사교성을 기르는 거예요. 물론 두 가지 방법을 조합하는 것도 좋습니다. 자신 없는 영어를 더 공부하는 한편 꾸준히 활동 중인 동아리에서 회장을 맡는 식으로요.

두 번째는 **부모와의 관계성을 느슨하게 하는 것**입니다. 흔히 쓰이는 표현은 아니지만 어떤 의미인지 느낌이 올 거예요. 차갑게 대하는 게 아니라 '느슨하게' 지내는 거랍니다. 부모 말고 다른 사람의 말도 들으라는 의미입니다. 부모의 비교가 신경 쓰이는 것은 의식의 무게 중심이 부모 쪽으로 치우쳐 있기 때문입니다. 부모에게서 정신적으로 독립하지 못했다고도 볼 수 있어요.

친구, 연인, 선배, 후배 등 부모 말고 다른 사람과의 관계성을 '단단하게' 하면 자연스럽게 부모가 자신을 어떻게 여기든 신경 쓰이지 않습니다. 저도 이 나이 먹도록 어머니에게서 "좀 더 번듯이 살아야지" 하는 말을 듣고 있지만 크게 개의치 않습니다. 어머니를 제외한 다른 관계를 통해 그런대로 번듯이 살고 있다는 사실을 실감하거든요.

문제는 비교당하는 것이 아니라
자기 안에 있는 열등감입니다.
발전을 통해 극복하거나 부모님 말고
다른 관계성을 단단하게 다져보세요.

가끔 만나는 친척과
잘 지내려면

✓ 설날과 추석에만 만나는 사이.
✓ 가끔 만나는 친척과 무슨 이야기를 해야 할지 잘 모르겠다.

무리할 필요 없는 위치 찾기

가끔 만나는 친척은 어떻게 대하면 좋을지 다들 고민일 거예요. 저는 부모님이 대만 사람인데 각각 형제가 10명이나 있어서 친척이 어마어마하게 많답니다. 게다가 저는 일본에서 나고 자란 탓에 대만에 거의 가지 못했어요. 즉 얼굴도 보기 힘들뿐더러 말도 잘 통하지 않는 사이입니다.

하지만 대만에는 친척을 매우 소중히 여기는 문화가 있다 보니 제가 대만에 가면 일정을 조정하면서까지 온 가족이 나와 식사 자리를 마련하고 명소를 구경시켜 줍니다. 그러나 낯을 많이 가리는 저는 어색하게 고개만 끄덕일 뿐이죠. 영어로 어찌어찌 소통 가능한 사람도 있지만, 며칠씩 다 같이 있다 보면 솔직히 말해 조금 지칩니다.

처음에는 넉살 좋게 다가가려고 노력했지만 결국은 녹초가 되어서 대만에 가는 것 자체가 무서워졌습니다. 그래서 중간부터는 커뮤니케이션을 포기하고 눈인사와 웃음과 "예스", "땡큐", "바이", "셰셰謝謝" 같은 대꾸만 돌아가면서 사용했더니 한결 마음이 편해졌습니다.

이러한 경험에 비추어 봤을 때 **괜히 잘 보이려고 노력할 필요가 없습니다.** 이야깃거리가 없어서 어색하다면 상대방도 마찬가지일 거예요. 그럴 때는 잠자코 있으면 됩니다. 수다스러운 사람의 말을 들어줘도 좋고요. 아니면 비교적 자주 만나는 친척과 같이 있는 등 무리하지 않아도 되는 위치를 찾아서 머무르면 됩니다.

한 번 노력하면 계속 노력해야 한다

괜히 잘 보이려고 노력할 필요가 없다는 생각은 파티에서도 마찬가지입니다. 성실한 사람은 차별 없이 모든 사람과 대화해야 한다고 생각하기 쉽지만, 그것은 주최자의 역할입니다. 당신은 그저 즐기면 됩니다. 말이 잘 통하는 사람이랑만 대화해도 아무 문제 없답니다.

다들 어른이니까 당신이 몇몇 사람이랑만 대화해도 이해해 줄 거예요. 외향적인 사람이 있는가 하면 내향적인 사람도 있잖아요. 오히려 남들 눈에 낯을 가리는 사람처럼 보여야 앞으로 편하게 지낼 수 있답니다. **한 번 외향적인 사람인 척하면 계속 가면을 쓰고 다녀야 해요.** 그러다가 너무 지쳐서 말이 잘 통하는 몇몇 사람이랑만 대화하게 되면 '나를 싫어하나?' 하는 오해를 살 수 있습니다.

날씨 이야기로 운을 떼우거나 질문을 던져서 이야깃거리를 만드는 방법도 있지만 **대화를 억지로 이어 나가 봐야 아무 의미 없습니다.** 침묵이 어색해서 이것저것 말을 걸다 보면 상대방도 금방 알아차립니다. 진솔한 대화를 나눌 수 있는 사이는 가만히 있어도 이야깃거리가 샘솟으니까 걱정할 필요 없어요.

대화로만 해결하는 대신 몸을 움직이는 것도 좋은 방법입니다. 음식을 나눠주거나 뒷정리를 돕는 식으로요. 많은 사람이 모인 자리에서는 내가 할 일이 무조건 있습니다. 몸을 움직이다 보면 이야깃거리도 저절로 생긴답니다.

"뭐 도와드릴 일 없나요?"

"고마워요. 그럼 같이 설거지 좀 해 줄래요?"

행동하면서 그에 관한 대화를 곁들이는 것은 당장이라도 실천 가능한 방법입니다.

함께 일하는 경험은 관계를 한결 부드럽게 만듭니다. 말재간이 없으면서 잘하지도 못하는 '대화'만으로 침묵을 메우려고 하니까 피곤해지는 거예요.

억지로 대화할 필요 없어요.
남의 이야기를 들어주거나 일을 도와주는 등
마음 편한 장소를 찾아보세요.

자꾸 돈을 빌려달라는 친척에 대처하는 법

친척이라서 거절할 수도 없고….

으….

조금만이라도 괜찮으니까 돈 좀 빌려줄 수 없을까?

✓ 내가 돈을 대신 내주기도 한다.
✓ 앞으로 계속 볼 사이라 거절하기 힘들다.

돈은 빌려줘서 좋을 게 없다

유감스럽지만 돈을 헤프게 쓰는 버릇은 어지간하면 낫지 않습니다. 따라서 돈 관리가 허술한 사람에게 빌려준 돈은 영영 돌아오지 않을 가능성이 큽니다. 그리고 돈을 빌려주고 나면 돌려받을 수 있을지 없을지 신경 쓰여서 스트레스가 이만저만이 아닙니다. 머리 한구석에서는 알고 있거든요. 못 돌려받을지도 모른다는 사실을. 애당초 돈 관리가 철저한 사람이라면 은행 대출 등으로 자금을 조달할 테니까 친척이나 친구에게 손을 벌리는 사태는 초래하지 않을 거예요. 착실한 사람은 자기 일로 다른 사람에게 스트레스를 주려고 하지 않는답니다.

즉 **돈을 빌리러 오는 시점에서 그 사람과 엮이면 안 됩니다.** 당신에게 스트레스를 줘도 상관없다는 사람에게 돈을 빌려줘 봐야 좋은 일이 없어요.

피치 못할 사정이 있어 돈을 빌려줬다고 칩시다. 잠시나마 숨통은 트이겠지만 장기적으로 보면 그 사람을 위해서도 좋은 일이 아닙니다. 무슨 일이 생기면 또 빌리면 된다는 사실을 학습해서 씀씀이가 한층 더 헤퍼질 거예요. 이는 의존증의 원리와 비슷합니다. 의존증인 사람은 의존으로 인해 돈이 떨어지면 주변에서 돈을 빌립니다. 주위 사람들이 이번이 마지막이라며 빌려줘 봐야 그 돈은 또다시 의존을 위해 쓰입니다. **주위 사람들이 의존을 조장하는 셈**이에요. 이러한 일이 되풀이되는 동안 곁에 있던 사람들이 하나둘 떠나갑니다. 정신 의학에서는 이를 '밑바닥 체험'이라고 합니다. 밑바닥에 부딪히고 나서야 의존증을 극복해야 한다는 생각이 진심에서 우러나옵니다. 치료는 거기서부터 시작됩니다.

주변에서 돈을 빌려주다 보면 돈을 빌리는 일에 익숙

해집니다. 이는 결코 그 사람을 위한 일이 아니에요. 전기가 끊기게 생겼다느니 월세가 밀렸다느니 무슨 말을 들어도 빌려주면 안 됩니다. 궁지에 몰린 것은 안타깝지만 이번 일을 계기로 다시는 이런 상황이 벌어지지 않도록 노력해야겠다고 생각할 것입니다.

'돈을 빌려주지 않는 사람'이라고 선전 포고 하기

그렇다면 어떻게 해야 돈을 빌려주지 않고 넘어갈 수 있을까요? 처음이 중요합니다. 핑계는 뭐든 상관없습니다. "나도 돈이 없어" 정도면 무난합니다. 돈을 빌리러 오는 사람이 잘못했으니까 돈이 있어도 없다고 둘러대세요. "나는 상대가 누구든 절대 돈을 빌려주지 않아" 하는 식으로 딱 잘라 말하는 방법도 좋습니다. 상대방의 머릿속에 든 것은 '이 사람이 돈을 빌려주는 사람인가 아닌가' 하는 문제뿐이니까 **'돈을 빌려주지 않는 사람'이라는 사실만 전해지면 됩니다.**

쓸쓸이가 헤픈 친척을 마냥 모른 척하기 힘든 심정은 이해하지만 무시해도 됩니다. 아니, 무시해야 합니다. 이걸로 상대방이 다가오지 않기 시작했다면 잘된 일입니다. 엮이면 안 되는 사람이 알아서 사라져 줬으니까요. 저는 지금까지 돈을 빌려주고서 빌려주길 잘했다고 말하는 사람을 한 번도 본 적이 없습니다. 나를 위해서라도 상대방을 위해서라도 돈으로 엮이는 일은 피하세요. **사정이 어떻든 금액이 얼마든 절대 빌려주지 않는 것이 중요**합니다.

처음부터 돈을 빌려주지 않는 것이 가장 좋지만 몇 번 빌려주고 나면 상대방은 끈질기게 물고 늘어질 것입니다. 그렇다 하더라도 마음을 독하게 먹고 대하세요.

돈을 빌려줘 봐야
나에게도 상대방에게도 좋을 게 없습니다.
마음을 독하게 먹고
상대방이 다가오지 못하게 하세요.

성인이 되어서도
계속되는 부모의 간섭

✓ 집안일을 해준다며 혼자 사는 집에 불쑥불쑥 찾아온다.
✓ 사귀는 사람은 있는지, 결혼은 언제 할 생각인지 캐묻는다.

자식의 독립은 곧 부모의 자립

자식이 부모로부터 독립하는 것과 부모가 자식을 놓아주는 것은 동시에 나란히 진행되기 마련입니다. 이는 부모와 자식 간 심리적인 거리감의 문제이기 때문입니다. 어느 한쪽이 거리를 두려고 하면 자식의 독립과 부모의 자립이 동시에 진행됩니다. 그러니까 부모가 자식을 놓아주지 못했다면 자식부터가 아직 부모에게서 독립하지 못했을 가능성이 큽니다.

부모가 먼저 자식을 놓아주는 것이 가장 이상적이지만, 부모라고 해도 타인입니다. 예로부터 과거와 타인은 바꿀 수 없다고들 하잖아요. 스스로 부모에게서 독립하는 것이 좋습니다. 물론 부모에게 자식을 너무 오냐오냐하면 안 된다고 충고할 수도 있지만, 아마 자각 없이 하는 행동일 테니까(자각이 있다면 별문제 되지 않았겠지요) 큰 기대는 하지 마세요.

가능하다면 자취를 시작해 보세요. 금방 오고 가기 힘든 거리가 좋습니다. 자취하더라도 본가 근처에 집을 구하면 간섭이 심한 부모는 자주 들락날락할 가능성이 크거든요. 대체로 **부모는 자식의 자취를 계기로 자립하기 시작합**니다. 아이가 떠난 공간과 시간을 몸소 느끼면서 부모는 새삼 '자식의 독립'을 실감합니다. 한동안 허무함과 외로움에 사로잡히겠지만 이 또한 소중한 과정입니다. 이러한 경험을 통해 부모도 자신의 인생을 마주할 수 있기 때문입니다. 언제까지고 아이만 바라보고 살면 자신의 인생을 마주할 계기를 얻을 수 없잖아요.

사정이 있어서 당장 자취를 시작할 수 없다면 자취 계획만이라도 세워보세요. 언젠가 자취할 거라는 생각만으로도 마음이 편해질 것입니다.

싫어하는 일을 명확히 밝힌다

자기 일은 스스로 결정해서 행동하는 것도 **중요**합니다. 부모가 하지 않았으면 하는 일을 명확히 밝히는 거예요. 그런데도 지켜지지 않으면 다른 대책을 세워야 합니다. 부모가 내 방에 들어오는 게 싫다면 자물쇠를 달고, 멋대로 내 방을 청소하는 게 싫다면 미리 깨끗이 청소해 두는 식으로요. **아무리 부모라고 해도 답하고 싶지 않은 질문을 받으면 "모른다" 혹은 "말하고 싶지 않다"라고 대답**하면 됩니다. 그렇게 해도 질문이 끈질기게 이어지면 묵비권을 행사하세요.

다만 가족들과 본가에서 살고 있다면 아무리 자기 집이라 해도 '공동생활'을 하고 있다고 볼 수 있습니다. 집안일을 돕고 통금 시간을 지키는 것은 부모와 자식의 독립 문제를 떠나 공동생활에서 지켜야 하는 규칙입니다. 같이 사는 이상 규칙은 지킵시다.

그리고 **'부모의 자립 문제와 자신의 심술을 혼동하고 있는 것은 아닌지'에 대해서도 다시금 생각해 봤으면 합니다.** 자식이 올바르지 못한 길로 가려고 하면 부모는 간섭할 수밖에 없습니다. 심각한 수준이라면 화내기도 합니다. 이 모든 것을 대충 싸잡아서 '부모가 자식을 놓아주지 못해서'라고 생각하면 아무것도 해결할 수 없습니다. **터놓고**

이야기할 부분은 이야기하고, 지킬 것은 지킵니다. 그럴 때 비로소 인간 대 인간의 관계로 나아갈 수 있습니다.

부모가 하는 말을 시끄러운 잔소리로 치부하는 것도 그만둬야 합니다. 우선 이야기를 찬찬히 들어본 다음 어떻게 할지 생각하세요.

부모의 자립 문제는
당신의 독립 문제이기도 합니다.
자취를 시작해 자신의 리듬에 맞게
살아가다 보면 해결된답니다.

귀에 거슬리는
육아 참견

> 분유보다 모유가 몸에 더 좋은데.

> 우리 때는 애가 울어도 가만히 내버려뒀어.

> 자꾸 그러면 버릇 안 좋아지잖니.

✓ 아이를 혼내는 법부터 부부의 역할 분담까지 일일이 '조언'한다.
✓ 모든 말을 "내가 너 키울 때는 말이야"로 시작한다.

육아 과정에서 나타나는 의견 충돌은 흔하지만 좀처럼 풀리지 않는 고민입니다. 세상의 고민 대부분은 '자신의 문제와 다른 사람의 문제를 혼동하는 것'에서 시작합니다.

대책으로는 세 가지가 있습니다. 자신의 문제와 다른 사람의 문제를 따로 떼어놓기, 자신의 문제는 스스로 생각하고 다른 사람이 결정하게끔 내버려 두지 않기, 다른 사람의 문제에는 참견하지 않기입니다.

참견도 아이가 소중하기에 나오는 것

다만 그전에 알아둘 것이 있어요. 부모에게 있어 아직 어른이 되지 않은 자식은 타인도, 자기 자신도 아닌 존재입니다. 부모 자신의 일부분 같은 존재입니다. 할머니, 할아버지 눈에도 손자는 더없이 사랑스럽습니다. 그런 점에서 할머니, 할아버지 역시 아이와 연관된 주위 사람 중 일부라고 할 수 있습니다. 물론 부모의 비중이 가장 크지만요. 아이를 '선물'에 비유하는 것에서도 알 수 있듯이 아이는 주변 사람들의 사랑과 소망을 먹으면서 쑥쑥 자라는 우리 모두의 선물입니다.

하지만 이러한 상황이 갈등을 일으키기도 합니다. 주위 사람들 간에 양육 방식이 다른 경우를 예로 들 수 있습니다. 나 혼자만의 문제라면 앞서 이야기한 기본적인 대책 세 가지만으로도 충분하지만, 자신의 일부나 마찬가지인 아이의 문제는 명확히 구분하기가 힘듭니다. 부모에게도, 부모의 부모(아이한테는 할머니, 할아버지)에게도 아이(손자)는 자신의 일부와도 같습니다. 따라서 양육 방식은 물러서기 힘든 문제이고, 누구도 물러서지 않기에 좀처럼 해결되지 않습니다.

'나쁜 부모' 문제도 여기서 시작합니다. 자식은 부모의 일부분으로 자라다가 자아가 싹트기 시작하면 한 사람의 어른, 즉 타인이 됩니다. 하지만 어떤 부모는 자식이 다 크고 나서도 자신의 일부로 인식합니다. 그렇게 갈등이 생깁니다.

원래 이야기로 돌아갈게요. '남이 내 양육 방식에 참견할 때' 어떻게 대처할지 말입니다. 우선 아이는 당신뿐만 아니라 주위 사람들에게도 소중한 존재라는 사실을 알아두어야 합니다. 잔소리하지 말라며 날카롭게 받아치기보다는 아래와 같이 대처해 보면 어떨까요?

날을 잡고 이야기를 들어 본다

우선 **제대로 된 자리를 마련해서 이야기를 들어보는 것이 좋습니다.** 생각날 때마다 잔소리를 툭툭 던지게끔 내버려 두는 대신 "언제 한 번 제대로 이야기를 듣고 싶습니다" 하고 거절한 다음 육아에 관한 의견을 듣는 거예요. **상대방의 이야기를 가만히 들은 다음 이번에는 자신의 견해를 밝히세요.** 상대방이 사사건건 참견하는 것은 당신의 견해와 계획을 이해하지 못해서일지도 모르거든요. 이해하지 못했기에 불안하고 못마땅하고 잔소리가 나옵니다. 당신에게도 다 생각이 있다는 사실을 알고 나면 한결 나아질 거예요.

의견이 갈릴 때는 의논을 통해 풀어나가세요. 양쪽 방식 모두 좋은 점이 있다면 절충안을 찾습니다. 절충안이 나오지 않는 사례도 있겠지만 괜찮습니다. 마지막에는 부모인 당신이 정하면 되니까요. 상대방의 견해를 들은 다음 "좋은 방법이지만 이렇게 하겠습니다"라고 선언하면 됩니다.

이러한 과정을 통해 주위 사람들을 간접적으로 육아에 참여시킬 수 있습니다. 잔소리는 자기 말을 들어주지 않는 행동에 대한 반발입니다. 자리를 마련해서 이야기를 들어주면 자기 의견에 귀를 기울여 준다는 생각에 간섭이 어느 정도 진정될 것입니다. 따지고 보면 당신이 결정하면 되는 문제지만, 자리를 만들어서 주위 사람의 의견을 듣는 것도 중요합니다.

당신의 육아 방식에 참견하는 건
아이가 모두의 선물이기 때문이랍니다.
일단 이야기를 듣는 자세를 보여주는 것이 좋습니다.

남들만큼 효도하지
못하는 자신이 한심하다

✓ 남의 효도 이야기를 들을 때마다 '아무것도 해 주지 못하는 자신'
  이 싫어진다.

✓ 애당초 효도라는 건 뭘까? 어떻게 하면 효도할 수 있을까?

행복하게 사는 것이 효도

　부모님을 모시고 여행을 가거나 기념일마다 선물을
드리는 것만이 '효도'는 아닙니다. 꼭 무언가를 해드려야
한다고 생각하니까 피곤해지는 건 아닐까요?

　부모는 자식을 데리고 다니면서 맛있는 걸 먹이고 좋
은 걸 보여주는 등 자식을 위해 행동합니다. 그렇다 보니

자식 역시 '앞으로는 내가 모셔 드려야 해' 하고 생각하기 쉽습니다. 하지만 **부모가 자식을 아끼는 것과 자식이 부모를 아끼는 것은 의미가 조금 다릅니다.** 부모에게 아이가 생겼을 때만 해도 아이는 작고 힘없는 존재였습니다. 그런 아이를 이 세상에 내보낸 것은 다름 아닌 부모 자신입니다. 따라서 아이를 볼 때마다 지켜주고 싶다거나 행복하게 살 수 있도록 해주고 싶다는 생각이 듭니다. '보호자'로서의 책임감이 눈뜨는 거예요.

그렇다면 부모는 나이가 들고 약해진다고 해서 자식을 보호자로 여길까요? 대체로 그렇지 않습니다. 언제까지나 부모는 부모고 자식의 보호자입니다. 병간호 등을 이유로 자식의 도움을 구하기는 해도 매일 무언가를 받고 싶은 것은 아닙니다. 부모가 원하는 것은 **당신이 하루하루 알차고 즐겁게 살아가는 것** 아닐까요.

다시 말해 당신이 스스로 힘으로 당당하고 즐겁게 살아가는 것이 효도입니다. '이만큼 키웠으면 됐다' 하는 생각이 들도록 말이에요. 부모를 아끼고 사랑하기 위한 첫 번째 조건은 '나부터 제대로 살아가는 것'이랍니다.

아버지를 떠나보내고 생각나는 것

그런 다음 틈날 때 부모를 신경 쓰면 됩니다. 전화나

메시지로 자신의 근황을 알리고 부모의 안부를 묻습니다. 종종 얼굴도 비치고요. 그걸로 충분합니다. 가끔 밥까지 같이 먹으면 더할 나위 없습니다.

저는 아버지가 돌아가시고 안 계신데요. 아버지를 떠나보내고 생각나는 것은 '함께 밥을 먹었던 기억'입니다. 한 식탁에 둘러앉는 것은 살아있기에 가능한 일입니다. 나란히 인생을 걷고 있기에 가능한 일이고요. 우리는 같은 시간대를 살아가고 있기에 함께 무언가를 먹고 서로 마주보며 맛있다고 말할 수 있습니다.

이러한 것들을 모두 지키고 나서 마음이 내키면 함께 여행을 가도 좋습니다. 물론 '꼭 가야 하는 것'은 아닙니다. **부모의 존재를 당연하게 여기지 않고, 함께 지낼 수 있는 시간에 늘 감사한다면 이미 남부럽지 않게 효도하고 있다**고 생각합니다.

다만 세상에는 그 이상을 요구하는 부모도 있습니다. "나는 너를 위해 전부 희생했는데"라느니 "키워 준 은혜도 모르고"라느니 하는 말을 입 밖에 내는 부모도 있어요. 그런 부모는 굳이 상대할 필요가 없습니다.

다른 사람을 소중히 여길 때도 '자신의 축'을 따라야 합니다. 무언가 해주고 싶다는 마음이 저절로 우러나와서 하는 것이 '효도'입니다. 상대방이 기분 나빠할까 봐 마지

못해서 하는 것은 효도가 아닙니다. 아무리 호화로운 크루즈 여행이라고 해도 그런 마음에서 나왔다면 아무 가치도 없지 않을까요.

효도는 '무언가 해드리는 것'이 아니에요.
착실히 살아가고,
종종 함께 밥을 먹는 것만으로도
충분하답니다.

제7장

연인, 부부 사이에서 있는 일

끈질기게
플러팅하는 사람

✓ 관심 없는 티를 내도 자꾸 다가온다.
✓ 내가 넘어오기만을 기다리는 것 같다(그럴 일 없지만).

정신 분석학에는 '방어기제'라는 개념이 있습니다 (107쪽 참고). 불행한 일이나 받아들이기 힘든 현실로 인해 생긴 갈등을 가볍게 만들기 위해 자신의 감정을 가공하는 방어 반응을 가리킵니다. 가장 흔한 방어기제는 현실로부터 마음을 닫는 '부정'입니다. 사실 부러운데 부럽지 않다고 생각합니다. 사실 갖고 싶은데 갖고 싶지 않다고 생각합니다.

방어기제는 '인격적으로 얼마나 성숙했는가'에 따라 차이가 나타나며 바람직한 것과 바람직하지 않은 것이 있습니다. 조금 전에 말한 '부정'은 그다지 성숙도가 높지 않은 반응입니다. 성숙도가 높은 반응으로는 자신의 분노와 고통을 예술작품으로 표현하거나 스포츠에 매진하는 방식으로 해소하는 '승화'가 있습니다. 음악가가 짝사랑의 아픔을 담아 노래를 만드는 것도 승화라고 볼 수 있습니다.

끈질기게 플러팅하는 사람의 머릿속

마음에 든다고 해서 끈질기게 접근하는 사람은 성숙도가 낮은 방어기제를 몇 개씩 사용하는 경향이 있습니다. 예를 들면 당신이 관심 없다는 태도를 보여도 자신에게 관심이 없을 리가 없다며 '부정'하는 식입니다.

자신이 상대방에게 갖는 감정을 상대방이 자신에게 갖는 감정처럼 생각하는 '투영' 반응을 보이기도 합니다. 자기가 상대방을 싫어하면서 '상대방에게서 미움받고 있다'라고 생각하는 것처럼 말이에요. 이는 자신이 상대방을 싫어한다는 사실을 인정하고 싶지 않은 마음에서 나오는 방어기제입니다. 반대로 당신의 심드렁한 반응을 보고 좋아하지만 부끄러워서 아닌 척한다고 해석하는 것도 '투영'입니다.

투영이 심해지면 연애 망상이 되기도 합니다. 망상이란 상상을 현실이라고 굳게 믿는 것입니다. 제삼자가 현실과 다르다고 아무리 설명해도 수정하지 못하는 것이고요. 그렇게 되면 싫다는 의사를 똑바로 밝혀도 상대방은 듣는 둥 마는 둥 합니다. 물론 증상이 심해져서 스토커로 발전하는 사람은 극히 일부지만, 끈질기게 들러붙는 사람은 '예비 스토커'라 생각하고 경계하는 쪽이 좋습니다. 게다가 끈질긴 사람은 수준 낮은 방어기제를 사용할 뿐만 아니라 눈치도 없습니다. 당신이 관심 없다는 듯이 행동했다 하더라도 상대방이 전혀 이해하지 못했을 가능성도 있습니다.

끈질긴 사람에게는 '똑바로', '단호하게' 말하기

찰거머리 같은 사람이 들러붙을 때는 **처음부터 똑바로 거절하는 것**이 중요합니다. 사귀는 사람이 있다면 남자친구(혹은 여자친구)가 있어서 같이 밥을 먹을 수 없다고 딱 잘라 말합니다. 상대방이 "식사 정도는 괜찮잖아", "다른 마음이 있는 것도 아닌데" 하고 말할지도 모르지만, 들을 필요 없습니다. 아니, 듣는 척도 하지 마세요. 이러한 타입은 당신이 마지못해 승낙하면 부탁의 수위를 계속 높입니다. 승낙하자마자 '단둘이 식사해도 이상하지 않은 관계'로 여겨지는 것도 싫잖아요?

몇 번을 매달리든 '안 됩니다'로 충분합니다. 만약 상대방이 감정적으로 나오기 시작하면 대화를 곧바로 끊어 버리세요. 오해할 만한 상황은 처음부터 만들지 않는 것이 좋습니다. 상대방이 끈질기게 매달리는 것은 당신을 '열 번 찍으면 넘어갈 나무'라고 생각하기 때문입니다. 따라서 **찍어도 절대 넘어가지 않는다는 태도**를 보이는 수밖에 없습니다. 일을 좋게 마무리해야 한다는 생각에 상대방의 요구를 받아들일 필요가 전혀 없습니다.

찰거머리 같은 사람에게는
애매한 거절과 웃는 얼굴 대신
단호한 태도를 보이세요.

이성 친구와 만나지
못하도록 구속한다

✓ 사귀는 사람이 이성과의 식사 자리나 모임에 나가는 것을 싫어한다.
✓ 상대방의 일거수일투족을 모두 파악하려고 한다.

'구속' 문제는 연인과의 '가치관' 차이로 인한 문제입니다. 아무리 친구라고 해도 이성과 어울리는 것은 떨떠름하다는 사람이 있는가 하면 그것을 구속이라고 여기는 사람도 있잖아요. 둘 사이에 아무 일 없다고 해도 상대방으로서는 초조할 수밖에 없습니다.

이때 필요한 대책은 '가치관을 타협하는 것'입니다. 어느 한쪽이 나쁜 게 아니에요. **두 사람의 가치관이 다르**

다면 둘 다 인정할 수 있는 지점을 찾아 나가야 합니다. 이 때는 둥글둥글하게 넘어가는 대신 문제를 제대로 마주하는 것이 중요합니다. 즉 상대방의 가치관을 '구속이 심해서 귀찮다' 하는 식으로 업신여기면 안 된다는 뜻입니다. 한편 당신은 이성 친구와의 우정도 소중하다는 가치관 역시 지키고 싶을 것입니다. 서로의 가치관은 서로의 존엄성 그 자체니까요.

시작은 서로의 가치관을 아는 것

가치관을 타협하는 데 있어 가장 먼저 해야 할 일은 규칙을 정하는 것입니다. '이성과 단둘이 만나지 않는다', '여럿이서 놀더라도 이성이 있으면 외박하지 않는다' 하는 식으로요. 규칙을 정할 때는 두 사람 모두 동의하는 것이 중요합니다. 사실 지키고 싶지 않은데 상대방이 시끄러우니까 일단 동의하고 보는 것은 좋지 않습니다. 처음에는 참을 수 있어도 시간이 지날수록 스트레스가 커질 거예요. 그러는 동안 상대방의 말투와 행동 하나하나가 꼴 보기 싫어집니다. 좋아해서 사귀던 사람이 '같이 있으려면 무언가를 참아야 하는 존재'가 되는 것은 어쩐지 안타깝지 않나요.

그리고 **자주 만나는 친구들은 연인에게 미리 소개하**

는 쪽이 좋습니다. 오래도록 알고 지낸 소중한 친구들에게 자신이 사랑하는 사람을 소개하는 것은 지극히 당연한 일이에요. 백문이 불여일견이라는 말도 있잖아요. 친구와 어떤 사이인지, 친구가 어떤 사람인지 구구절절 설명하기보다 직접 보여주면 설득력도 높아진답니다. 소중한 사람을 소개하는 자리는 친구에게도, 연인에게도 뿌듯한 경험이될 거예요.

구속이 심한 사람은 불안감이 강합니다. 당신이 이성 친구와 노는 동안 '나보다 친구가 더 중요한 건가?', '내가 싫어진 걸지도' 하고 부정적인 생각을 키우고 있을지도 모릅니다. 평소 말이나 행동을 통해 상대방을 가장 사랑한다는 사실을 보여줍시다.

세상에는 노력으로도 안 되는 일이 있다

하지만 아무리 해도 가치관을 맞출 수 없는 상황도 있습니다. 그럴 때는 서로를 위해 이별을 선택하는 것도 좋습니다. **좋고 나쁨의 문제가 아니라 어떻게 손쓸 수 없는 가치관의 차이니까요.**

한때 저도 '동성애자 친구'가 많은 사람과 사귄 적이 있어요. 동성애자에게 있어 동성애자 친구는 친구이면서 연애 상대도 될 수 있다는 점에서 꽤 복잡한 존재입니다.

저는 동성애자 친구라는 관계성이 썩 와닿지 않아서 예전부터 알고 지낸 친구들 말고는 없었지만요.

반면 상대방은 친한 사람 대부분이 동성애자 친구이고 그들과 연애도 하는 타입이었어요. 연애 초창기였던 어느 날 한 번은 상대방이 "게이 친구들이랑 한잔하러 가도 돼?" 하고 물었어요. 괜찮다고 말하기는 했지만, 그 사람과는 오래가지 못했어요. 생활 방식부터 가치관까지 완전히 다르다는 사실을 차차 알았거든요.

즉 연애를 포함해 인간관계로 인한 고민에는 개개인의 가치관이 깊이 관여합니다. 우리는 그 가치관을 조정하거나 가치관이 맞지 않는다는 이유로 멀어지면서 살아갑니다. **상대방이 어떻게 행동했을 때 기쁘고, 어떻게 행동했을 때 싫은지 그때그때 이야기하는 것이 인간관계를 원만하게 유지하는 요령입니다.**

연인의 구속 문제는 가치관의 문제.
피하지 말고 정면으로 마주하는 것이 중요합니다.

결혼에 관한 생각이
맞지 않는다

✓ 주위 사람들이 하나둘 결혼하면서 "나도 결혼하고 싶다"라는 말이 부쩍 늘었다.

✓ "아직 결혼할 때가 아니다"라며 결혼 이야기를 피한다.

연애의 목표는 결혼이 아니다

저는 연애와 결혼은 별개의 문제라고 생각해요. 몇 년씩 사귀면서도 결혼은 하지 않는 커플도 있잖아요. '인연과 타이밍'으로 설명하는 사람도 있지만, 애당초 연애와 결혼은 별개의 문제니까 서로 어긋나더라도 이상할 것이 없습니다.

지금 사귀는 사람이 있더라도 **연애의 연장선 끝에 결혼이 있는 것은 아닙니다.** 연애 중이니까 곧 결혼할 거라고 단정할 수 없어요. 물론 연애에서 결혼으로 이어지는 커플도 많지만, 그것은 연애와 결혼이 '어쩌다' 이어진 것뿐입니다. 즉 연애의 결승점에 결혼이 있다는 것은 일종의 착각이에요. 그리고 이 '착각'이 스트레스를 만들어 냅니다. 결혼을 재촉하는 연인 때문에 골머리를 앓고 있다면 당신은 결혼 생각이 없는 걸지도 모릅니다. 둘 다 결혼 생각이 있으면 진작 결혼했을 테니까요.

결혼 생각은 있지만 아직은 아니다?

왜 결혼하지 않느냐는 질문에 수입이 불안정하다거나 지금은 일에 전념하고 싶다거나 하는 이유를 대는 사람이 많습니다. 하지만 이것들은 결혼하지 않는 이유가 될 수 없습니다. 정말 돈이 없다면 적금을 들고 "1년 뒤에 결혼하자" 하고 구체적인 시기를 제시할 것입니다. 우선 혼인 신고를 하고 1~2년 뒤에 식을 올리는 방법도 있습니다. "언젠가 결혼하겠지만 아직은 아니다"라는 말은 좀처럼 나오지 않을 거예요.

즉 '아직 결혼을 고려할 시기가 아니다'라기보다 '결혼 생각이 없다'에 가깝습니다. '아직'이라는 단어에는 '연애를 하다 보면 결혼하는 것이 당연'하다는 착각이 포함되어 있습니다. 따라서 상대방과 당신이 안고 있는 불안은 결혼하고 싶은 사람과 그렇지 않은 사람 간의 괴리에서 나오는 것이라고 할 수 있습니다. **'아직은 아니다'라는 말은 이 괴리를 대충 뒤로 미루는 것**에 지나지 않습니다. 다만 결혼에는 매우 큰 용기가 필요합니다. 책임이 생기고, 자유로운 관계는 꿈도 꿀 수 없습니다. 연애와 결혼이 별개의 문제라면 더더욱 연애 상대가 결혼 상대로도 적합한지 파악하고 싶어질 것입니다.

만약 "진지하게 결혼 생각은 있지만 지금은 시기가 아니다"라고 말한다면 오래 유지할 수 있는 관계인지 파악하고 싶다는 의도가 있을지도 모릅니다. 하지만 기간을 정하지 않고 "아직은 생각이 없다"라고 말한다면 그저 결혼하고 싶지 않은 것뿐입니다.

저는 **상대방이 '결혼'이라는 단어를 꺼냈다면 결혼을 할지 말지 답을 줘야 한다**고 생각합니다. 확답하기 힘든 상황이라면 "언젠가 결혼하고 싶다는 마음이 들지도 모르지만, 지금은 단정할 수 없다"라고 명확히 알려야 합니다. 시기의 문제가 아니라 가치관의 일치 문제니까요. 만약 정말로 시기의 문제라면 논의를 통해 언제 결혼할지 정하면 됩니다. 도저히 결말이 나지 않을 경우 누군가는 결혼하고 싶지 않다는 의미니까 이를 염두에 두고 계속 사귈지 헤어질지 결정하세요.

결혼이 전제냐 아니냐에 따라 '기다림'의 의미가 달라집니다. 이 모든 것을 터놓고 이야기하는 것이 서로에 대한 성실함이에요. 미래가 보이지 않는 관계를 질질 끌고 가는 것보다 두 사람에게 좋은 결과를 안겨 줄 테고요.

상대방의 입에서 '결혼'이라는 단어가 나왔다면
두 사람의 미래에 관해
이야기를 나눠 볼 좋은 기회입니다.

자꾸 자기 어머니와
비교한다

> 역시 엄마 손맛은 못 이기려나? 하하하.

> 된장국 조금 싱겁지 않아? 우리 엄마는 간간하면서 맛있게 잘 끓였는데.

짜증•••

- ✔ 내가 만든 음식을 먹고는 어릴 때 먹던 맛이 안 난다느니 어머니가 요리를 잘하는 편이었다느니 꿍얼거린다.
- ✔ 요리도 빨래도 자기 어머니처럼 해 주기를 바란다.

감사하는 마음이 부족한 사람에게는 '버럭'

사사건건 자기 어머니와 비교하는 사람은 의심할 여지 없는 '마마보이(마마걸)'입니다. 직접 만든 요리를 비교하다니 최악이잖아요. 시어머니(장모)가 지적하면 몰라도 (물론 싫지만요) 연인이나 배우자가 자기 부모 편을 들면 괜히 더 짜증 납니다. 게다가 이런 사람에게는 한 가지 문제가 더 있습니다. 실제로 어머니가 만든 음식이 더 맛있더라도 보통은 속으로만 생각합니다. 열심히 요리를 만들어 준 당신의 기분을 생각하면 그런 말이 나올 리 없으니까요. 즉 연인이나 배우자를 배려하는 마음이 부족한 것입니다. 그런 사람에게 무슨 말이 더 필요하겠어요.

어머니와 비교하는 말에 욱하는 것은 당연합니다. "엄마 손맛은 이길 수 없다"라고 말하는 시점에서 이미 당신을 낮잡아 보고 있는 셈이니까요. 솔직히 저라면 '내가 왜 이런 사람을 골랐지' 하는 생각까지 들었을 거예요. **버럭 화를 내도 이상하지 않은 수준이니까 신경 쓰지 않는다거나 상대하지 않는다는 방법은 잠시 미뤄도 좋습니다.** 이러한 선택지를 고르는 것은 헤어질 때입니다. 헤어질 정도는 아니라면 화가 났다는 사실을 분명히 보여주세요.

하지만 이러한 사람은 화를 내도 전해지지 않습니다. 심지어 자기가 무슨 잘못을 했냐며 되받아치기도 합니다. 자기가 뭘 잘못했는지 모르기 때문입니다. 잘못했다는 생각 자체도 없고요. 이러한 사람에게는 어떻게 화내야 할까요. 지금부터 알려드릴게요.

당신의 감정과 그 이유를 전하는 것이 먼저

자각이 없는 사람에게 화를 낼 때는 이유를 분명히 설

명한 다음 "나는 몹시 화가 났어", "나는 슬펐어" 하고 솔직한 감정을 밝혀야 합니다. 이 화법, 어디서 본 것 같지 않나요? 맞습니다. 38쪽에서도 이야기한 '나 전달법'입니다.

사사건건 자기 어머니와 비교하는 사람은 유치한 구석이 있습니다. 따라서 "(너는) 왜 그렇게 말해?", "너는 다른 사람에 대한 배려가 부족해" 같은 너 전달법을 사용하면 발끈할 수 있습니다. **이유를 설명한 다음 자신이 어떻게 느꼈는지 전하는 것이 효과적입니다.** 이렇게까지 해도 알아주지 않을지도 모릅니다. 그럴 때는 상대방이 만족할 만한 요리는 만들 수 없다고 선언하며 요리에서 손을 떼세요. 너무 세게 나가는 것 같아 걱정되겠지만, 상대방이 자각 없이 비교하는 이상 거기에 맞춰주려고 노력하다 보면 그 노력은 어느새 '당연한 일'이 되고 비교의 수위는 계속 높아집니다. 내 요리마다 토를 다는 사람에게 마지못해 음식을 만들어주는 하루하루. 그런 미래는 싫잖아요?

게다가 다른 사람에 대한 배려와 감사하는 마음이 없는 사람은 언젠가 큰코다치기 마련이에요. **단호하게 화내는 것은 당신뿐만 아니라 상대방을 위한 일이기도 합니다.** 그렇게 보면 가끔은 화낼 필요도 있다는 생각이 들지 않나요.

한편 '마마보이(마마걸)' 정도는 너그럽게 봐줘도 될

것입니다. 성격은 좀처럼 바꾸기 힘든 부분이고 어머니를 소중히 여기는 것 자체는 나쁜 일이 아니니까요. 다만 당신을 소홀히 하는 상황이 생기면 그때마다 따끔하게 지적해서 궤도를 수정하세요.

연인이나 배우자가 자기 어머니와
비교할 때는 화내도 돼요.
다만 '나 전달법'으로
당신이 어떤 기분인지 전하세요.

제8장

사랑하는
사람을
소중히
대하려면

사람을 소중히 대한다는 것

'사람을 소중히 대하는 것'에 대해 생각해 본 적 있나요? 으레 그렇게 해야 한다고 여겨지는 일이자 누구나 그렇게 하고 싶다고 생각하는 일입니다. 하지만 구체적으로 어떻게 해야 사람을 소중히 대할 수 있는지 물어보면 입을 다무는 사람이 많을 것입니다.

다양한 의견이 있겠지만 저는 **'말과 행동을 일치시키는 것'이 곧 사람을 소중히 대하는 일**이라고 생각해요. 즉 말한 대로 행동해야 한다는 의미입니다. 상대방을 소중히 여기지 않을 때 우리는 진심과 동떨어진 말을 늘어놓습니다. 당장 눈앞에 놓인 상황만 어찌어찌 넘어가면 된다고 생각하기 때문입니다. 그러니까 마음에도 없는 말을 입에 올리고 약속을 깹니다. 말과 행동이 일치하지 않는 상태예요.

반대로 말과 행동을 일치시키면 상대방을 소중히 여길 수 있습니다. 지키지 못할 약속은 하지 않고, 사탕발림으로 그 자리를 적당히 빠져나가지 않습니다. **말과 행동을 일치시키는 것은 성실함의 증거**이기도 합니다. 어떤 사람에게 하는 말과 행동이 일치한다면 그 사람과의 관계를 성실하게 생각하기 때문이고, 그 사람을 소중히 여기기 때문입니다. 이러한 사실은 굳이 말로 하지 않아도 상대방에게 전해진답니다.

지금까지 '피곤한 사람'에 대처하는 법을 설명하다가 갑자기 사람을 소중히 대하는 것에 관해 이야기하는 데에는 다 이유가 있어요. 피곤한 사람으로 인한 고민을 해결하려는 것은 피곤한 사람에게 들일 노력을 사랑하는 사람을 소중히 여기는 데 쏟고 싶어서 아닌가요? **나를 고민에 빠뜨리는 관계의 비중은 낮추고 나를 행복하게 하는 관계를 소중히** 여기면 더 편하고 즐겁고 알찬 인간관계를 꾸릴 수 있답니다.

모든 사람이 중요하다는 생각은 버리자

사랑하는 사람을 소중히 대하려면 무엇을 염두에 두어야 할까요? 바로 **사람에게 우선순위를 매기는 것**입니다. 모든 사람을 소중히 대하기는 불가능합니다. 하지만 눈앞에 닥친 상황에 휩쓸리다 보면 피곤한 사람에게 휘둘려 정작 사랑하는 사람에게는 관심조차 주지 못합니다. 그래서 '우선순위'가 중요합니다.

당신의 '소중한 사람'은 누구?

몇 날 며칠을 매달려도 절대 해낼 수 없을 만큼 어려운 일을 떠맡기는 상사 때문에 머릿속이 복잡한 상황을 예로 들어볼게요. 그 상사는 자신을 둘러싼 평가만 생각합니다. "다 자네를 위한 일이야"라며 달래지만 아무리 봐도 허울뿐인 말입니다. 그런데도 당신은 '소중한 직장 동료니까' 야근을 하면서까지 어떻게든 일을 해내려 하고, 그 상황을 지켜보는 당신의 소중한 배우자나 연인은 걱정에 빠집니다. 배우자나 연인과 보낼 수 있는 시간도 줄어듭니다.

이럴 때 우선순위를 매기지 않으면 정말 소중한 사람을 아끼고 사랑할 수 없습니다. 우선순위를 매기고 나면 회사의 체제를 의심하거나 이직을 고려하거나 종종 연차를 내서 가족과 시간을 보내는 등 여러 가지 방안이 떠오를 것입니다. 우선순위를 제대로 매긴 다음 당신을 소중히 여기는 사람 혹은 당신이 소중히 여기는 사람만 아끼고 사랑하면 됩니다. 이것이 바로 진짜 '사람을 소중히 대하는 것' 아닐까요.

모든 사람이 소중하다는 환상

그렇다면 소중한 사람을 아끼고 사랑하기 위해 버려야 할 생각으로는 무엇이 있을까요. 앞서 설명한 내용을 반대로 생각해 보면 우선 '모든 사람을 아끼고 사랑해야 한다는 생각'을 버려야 합니다. 마음이 차가운 사람만 소중한 사람을 아끼고 사랑하지 못하는 것이 아닙니다. **우선순위를 매길 수 없다는 이유로 모든 사람에게 잘해주는 사람도 소중한 사람을 푸대접하고 있습니다.**

순전히 점수를 따기 위해 같이 있어 봐야 조금도 즐겁지 않은 상사와 매일 술을 마시러 가는 사람이 있다고 칩시다. 그 탓에 평일에는 늦게 퇴근하고 주말에는 온종일 곯아떨어집니다. 가족이나 연인 등 소중한 사람과 보내는 시간은 뒷전으로 미룹니다. **시간과 체력에는 한도가 있어서 모든 사람을 아끼고 사랑할 만큼 넉넉히 가질 수는 없어요.**

'아끼고 사랑할 필요가 없는 사람'에게 잘해주면 속거

나 사기를 당할 위험이 있습니다. '모든 사람을 아끼고 사랑한다는 것'은 듣기에는 좋지만 어떻게 보면 위험하기까지 한 생각이랍니다. 이러한 착각이 생기는 원인은 '사람을 소중히 여기는 것'을 미덕으로 여기는 분위기입니다. 누군가를 소중히 대하는 것은 분명 좋은 일이지만 '사람을'은 너무 광범위합니다. **소중히 여길 필요 없는 사람도 많다**는 사실이 빠져 있어요.

얼마나 소중한지 말과 행동으로 전하기

그렇다면 어떻게 하면 상대방에게 '소중히 여기는 마음'을 전할 수 있을까요. 결론부터 말하자면 앞서 설명한 것처럼 '말과 행동을 일치시키는 것'이 필요충분조건입니다. 그렇게 하면 상대방도 금방 알아차릴 거예요.

연애할 때를 떠올려 보세요. 상대방이 정말 나를 사랑하는지 불안해지는 것은 언제인가요? 대체로 상대방이 약속을 어기거나 대답을 얼버무릴 때일 것입니다. 아무리 그럴듯한 이유를 늘어놓아도 약속을 번번이 깨뜨리면 '정말 나를 소중히 생각하는 걸까?' 하는 생각이 들 수밖에 없습니다. 아무리 말로 사랑을 표현한다 한들 곧이곧대로 받아들이기 힘듭니다.

상대방을 진정으로 소중히 여긴다면 행동으로 옮기

지도 못할 공수표를 남발하는 일은 없을 거예요. 약속한 것은 무슨 일이 있어도 지키려고 하겠지요. 사랑한다느니 소중하다느니 입 아프게 말하지 않아도 상대방은 당신의 행동에서 진심을 느낄 것입니다. 무척이나 간단하지만 (하지만 어려운 일이에요) 말과 행동을 일치시키는 것이야말로 인간관계의 본질이라고 할 수 있습니다.

나오며
나 또한 누군가에게는 '피곤한' 사람

인간은 기본적으로 피곤한 존재입니다. 일관성이 없고, 그러면 안 된다고 생각하면서도 잘못된 행동을 하고, 같은 실수를 몇 번이나 저지르고, 감정이 쉴 새 없이 바뀌고, 일이 조금만 잘 풀리면 금방 콧대가 높아지고, 사소한 일로 가슴 졸입니다. 짚이는 구석이 있지 않나요? 어떻게 보면 저도 그렇고 당신도 그렇고 누군가에게는 '피곤한 사람'일지도 모릅니다. 아니, 인간은 기본적으로 피곤한 존재일 것입니다.

다만 내가 아무리 피곤한 존재라 하더라도 인간관계에서까지 '피곤한 나'로 존재해서는 안 됩니다. '피곤한 나'와 '피곤한 상대방'이 함께 있으면 사태가 얼마나 피곤해지겠어요. 다른 사람을 바꾸기는 어려우니까 '피곤한 나'가 바뀌는 것이 중요합니다. 그러려면 **자신의 피곤한 부분을 자각하고 상대방에 따라 통제하는 것을 목표로 삼아야 합니다.**

지금까지 설명한 내용은 모두 이러한 목표를 실현하는 방법입니다. 피곤한 상황이 벌어졌다고 해서 꼭 누군가가 나쁜 사람인 것은 아닙니다. 상대방과 나는 서로 다른 존재이고, 서로 다른 '피곤한' 존재가 부딪치는 과정에서 '피곤한' 상황이 벌어지는 것뿐입니다. 따라서 **서로 부딪치지 않게끔 처신하는 방법이야말로 살아가는 데 있어 꼭 필요한 지혜입니다.**

'피곤한 나'를 직시하는 법은 의외로 간단합니다. 상대방의 입장에 서서 자신이 어떻게 보일지 생각하면 됩니다. 하지만 막상 해보면 의외로 어렵답니다. 그러니까 '**어떠한 문제가 생기면 반사적으로 자신과 상대방의 위치를 바꿔서 생각해 보기**' 정도만이라도 꼬박꼬박 지키세요. 상대방의 감정을 시뮬레이션하는 습관을 들이는 거예요. '상대방의 입장에 서서 생각해 보기' 하고 표어처럼 만들어서 곳곳에 붙여 놔도 좋을 정도입니다. 괜찮아요. 처음에는 어렵겠지만 반복하다 보면 점점 익숙해질 거예요.

그도 그럴 것이 어릴 적부터 학교에서도 집에서도 상

대방의 입장에 서서 생각해 봐야 한다는 말을 수도 없이 들어왔잖아요. 하지만 실제로 상대방의 입장에 서는 일은 매우 드뭅니다. 특히 다른 사람과 갈등을 빚고 있을 때는 그럴 겨를이 없습니다. 인간의 무의식은 자신을 지키는 것이 먼저기 때문입니다. 내가 옳다고, 나는 나쁘지 않다고 생각하고 싶습니다. 그 결과 상대방이 피곤하게 느껴지고 때로는 분노까지 치밉니다.

이 책에서는 피곤한 사람에 대처하는 방법을 다양한 각도에서 살펴봤습니다. 하지만 앞서 말한 것처럼 피곤하다는 것은 상대방만의 문제가 아닙니다. 상대방을 피곤하게 여기는 나 자신도 다른 누군가에게 피곤한 사람일지 모릅니다. 그렇기에 늘 상대방의 입장에서 생각해 보는 습관을 들이면 피차일반이라거나 자기 자신에게도 그럴 때가 있었다거나 하고 깨달을 수 있습니다. 그렇게 다른 사람을 향한 마음이 한층 더 애틋해집니다.

다시 말해 자신의 피곤함을 줄이면 다른 사람으로 인한 피곤함도 줄어듭니다. 피곤한 상황은 두 사람이 함께 만들어가기 마련이거든요. **피곤한 사람에게 어떻게 대처할지 고민하는 과정은 자신의 피곤함을 재점검하는 기회가 되기도 합니다.**

이쯤 되면 피곤한 인간관계에 대처하는 근본적인 대

책이 슬슬 보이기 시작할 것입니다. 다른 사람의 조그만 허물은 아무렇지 않게 넘길 수 있는 나. 그런 자기 자신을 목표로 나아갈 수 있으면 좋겠습니다.

인생은 짧습니다. 이 책을 통해 잠깐이라도 '피곤한' 인간관계에서 벗어날 수 있기를 바랄게요!

정신과 의사 Tomy

남몰래 거리 두는 관계의 기술

초판 1쇄 발행 2025년 4월 21일

지은이 정신과 의사 Tomy
옮긴이 송해영
펴낸이 김상현

콘텐츠사업본부장 유재선
출판1팀장 전수현 **책임편집** 주혜란 **편집** 김승민 심재헌
디자인 권성민 김예리 **마케팅** 이영섭 남소현 최문실 김선영 배성경
미디어사업팀 김예은 김은주 정미진 정영원 정하영
경영지원 이관행 김범희 김준하 안지선 김지우

펴낸곳 (주)필름
등록번호 제2019-000002호 **등록일자** 2019년 01월 08일
주소 서울시 영등포구 영등포로 150, 생각공장 당산 A1409
전화 070-4141-8210 **팩스** 070-7614-8226
이메일 book@feelmgroup.com

필름출판사 '우리의 이야기는 영화다'
우리는 작가의 문체와 색을 온전하게 담아낼 수 있는 방법을 고민하며 책을 펴내고 있습니다.
스쳐가는 일상을 기록하는 당신의 시선 그리고 시선 속 삶의 풍경을 책에 상영하고 싶습니다.

홈페이지 feelmgroup.com **인스타그램** instagram.com/feelmbook